テニス新時代

健康・キレイへの道

山崎征男

はじめに

　「テニスが長生きにつながる」という国際的な研究に出会った。新鮮な驚きだった。

　これは、テニスの持つ長所の新しい一面である。テニスは、ルールもコートも、大筋は比較的シンプルである。だが、プレーしてみると、その技術、相手との心理作戦、ファッション等々奥深い芸術のようなところがある。何より練習も試合も、プレーしても観客になっても楽しいスポーツである。こうしたテニスの魅力を、「長生き・キレイにつながる」をキーワードにして、総合的に引き出してみたい、と願った。

　テニスの特性、医学・生理学からの分析、テニスの技術、テニスライフを支える衣や食、テニスの持つ社会性や社交性、こうしたものを明快、平易に伝えるには、その道の専門家（医学博士、テニス・料理のエキスパート）の知恵が必要だ。そこでチームをつくった。幸い、個性と情報にあふれたその道のプロフェッショナルに、テニス発祥の地である神奈川—伝統と最新の宝庫—をはじめ各地から参加していただくことができた。

　テニスをよく知った方にも、これから始める方にもお読みいただきたい。そしてその魅力を再発見し、「テニス新時代—健康・キレイへの道」を共に歩んでいきましょう。レッツ　エンジョイ　テニス！

〈イメージ〉テニスで目指せ、健康（長生き）・キレイの頂〔アルプス・アイガー峰〕

目　次

プレーイラスト図：日本テニス事業協会提供

瞳のキレイな女の子

真っ青な空。

福島の秋の空は抜けるように澄んでいた。福島県南部の羽鳥湖周辺は、開発したたての新しいレクリエーションゾーンである。そこに真新しいグリーンの十数面のテニスコートが造られ、今日は国民体育大会の硬式テニス競技の会場となっている。

心地良い球音が響き渡る。

神奈川県チーム──この時、筆者は競技全体の選手団長を務めていた──は、女子は、慶応大学の竹村りょうこ、仲島千晶の両選手を主力とするメンバーだった。二人は当時日本ランキングのかなり上位に位置し、こうした選手はなかなか国体には出てくれない。しかし両選手は、郷土愛からか協会の懇請で快く出場し、神奈川県チーム上位進出の原動力になってくれた。

筆者は、県下で繰り広げられている競技の合間を縫って、この時、硬式テニスの応援に駆け付けた。ベンチ脇から見る彼女らの純白のユニフォームから弾けるような肢体が、なんとも健康的でまぶしかった。一声かけた。「頑張ります」。明るい返事が返ってきた。その瞳と笑顔は、朝のフレッシュジュースのように爽やかだった。

この福島国体は、忌まわしい東日本大震災による原発事故に先立つこと10年ほど前のことで、この日、福島には、後の悪夢が想像できないクリーンな空が広がっていた。

日本レベルで活躍するアスリートたちの、郷土を背負う気概を、瞳の輝きや体から発散するオーラで感じ取ることができた。

筆者は正反対の体験もした。

新しい21世紀に入りたての頃である。

当時、大学生・高校生はもとより一部は中学生まで、非行の一側面としての、薬物乱用が大きな社会問題となっていた。そういう時代だった。

大麻や覚せい剤等の薬物が、一部とはいえ学園の生徒・学生たちに流れ込んでいた。学園内での広がりが危惧されるとともに、暴力団の資金源となっていた。

神奈川県でも事の重大さから、知事──

当時・岡崎洋氏─も繁華街パトロールの先頭に立って、薬物の恐ろしさを訴えるチラシ配布や、青少年へのアピールに力を注いだ。

筆者も教育長を補佐する生涯学習部長の職にあり、学校と家庭の連携、ＰＴＡを担当していた仕事柄、事務方の先頭に立って、都心部や学校を回った。

ある日の午後、横浜駅西口の五番街をＰＴＡの方々と巡回した。映画館やデパートが立ち並ぶ市内一の繁華街だ。

そこには男子生徒に交じり、長めのスカート姿の高校生と思しき女子生徒が数人で、ビルの階段や空き地に人目を憚ることなく、地面に体育座りしていた。あられもない格好だった。飲み物を飲み、声高に話をし、かなり異様な雰囲気だ。彼女らはなんとも所在なげで、気だるい感じだった。授業や部活の時間ではなかったか…。もちろんこの生徒たちは薬物とは無縁だったと信じるが。

彼女らもきっと何か頼れるものを一生懸命探していた。まだ見付からずにさまよっている。焦点が定まらず、われわれを冷たく見る目がそう語りかけていた。

二つの対照的な目を見た。五番街で見た彼女たちの目も希望や目的意識に富んだ輝いた目に変えられないだろうか。私の心に重くのしかかった。

こうした体験とはまったく別に、筆者はテニスが長生きや、心と体のキレイさにつながるかもしれないという情報を得た。

私は本書で、スポーツ、とりわけテニスを総合的、科学的に観察し、その効能を情報発信していきたい。このことが先の原体験での私のギャップ「二つの目」を埋めてくれるとひそかに信じている。

どうぞ、長生き、キレイ神話の検証にお付き合いいただき、明るく楽しい希望を共有できたらと願っています。

（山崎征男）

第1章

深く知る
「テニスの第一歩」

　日本人が日本の歴史に興味を持つように、テニスの魅力を知ろうとするとき、その歩みを知ることが結構手がかりになります。テニスはわが国で大変歴史のあるスポーツです。錦織圭、大坂なおみ出現までの歩みを概観してみましょう。

　テニスというスポーツの際立った特性も探っていきます。

§1 | 日本におけるテニスの歩み

1 テニス初めと初期の選手たち

　横浜市の高台、緑が多く、港にもさほど遠くない高級住宅が連なる山手の一角に、山手公園テニスコートがあります。ここに「日本庭球発祥之地」という記念碑があります。なんとその発祥は、明治維新からそれほど下らない1878(明治11)年のことです。ただ日本人が中心となってプレーしていたわけではありません。横浜外国人居留地の人々のためのコートでした。ここから私たちは、日本におけるテニスの歴史を知ることができます。

　この公園の一隅に小さなテニスの博物館があります。テニス発祥のいわれを刻み、テニス愛好者の故郷ともいえる貴重な場所です。

博物館の展示

　さて、日本のテニス史をたどってみると、外国人中心のプレーから、ほどなく一部の高等教育の場(東京高等師範、慶応大等)を中心に、日本人にも徐々に普及していきました。

　1920(大正9)年には、当時海外でも活躍していた熊谷一弥が、ベルギー

のアントワープ五輪で、単複銀メダルを獲得します。これが日本の五輪史上初のメダルです。テニスで獲得したなんて、皆さん、知っていました？

同時期活躍した清水善造は、同年、日本人として初参加したウィンブルドンで、オールカマー決勝（前年度優勝者への挑戦者を決める制度、現在の準決勝に相当）まで進みました。

さらに国別対抗戦であるデビスカップで、1921年、米国ゾーンで優勝し（前年優勝国はスキップする）、王座保持国米国に挑戦するという快挙を成し遂げました。

このほか、佐藤次郎選手の活躍も欠かせません。1931年全仏ベスト４、1932、33年にウィンブルドンでベスト４の成績を残しました。世界のトップ選手の一員だったのです。

こうした熊谷、清水、佐藤という傑出した選手による成果だったにしても、日本のテニスレベルは相当高かったのです。昨今、錦織選手の活躍が100年ぶりのようにもてはやされますが、その比較は実は、初期日本の黄金時代を担った彼らとの比較だったのです。

②戦後活躍した選手たち

昭和30年代のわが国のテニスは、宮城淳、加茂公成に代表されます。彼らは、宮城・加茂一家・一族で日本のトップレベルに君臨しました。宮城・加茂のコンビは、1955（昭和30）年の全

米男子ダブルスで優勝する金字塔を打ち立てます。最近、グランドスラム（四大大会）のダブルスで活躍する選手——特に女子の穂積絵莉、加藤未唯、二宮真琴たち——の出現により、当時の快挙が数十年ぶりクローズアップされています。

昭和30、40年代の日本の国際的活躍は、デビスカップとともに語られます。残念ながら、世界レベルから東洋レベルにトーンダウンし、フィリピン、インドが好敵手となりました。先の宮城、加茂に次いで、石黒修、渡辺功、神和住純らの選手が日本を支えました。

テニスは世界的にアマチュアが主流でしたが、昭和40年代にプロも交えたオープン化が進み、石黒修は、日本で戦後第１号のプロ選手となりました（1971年）。

日本で当時、メインの国際試合であったデビスカップは、多くの試合が、東京都大田区の田園コロシアムで行われましたが、デ杯の名勝負の数々をクレーコートに刻んだスタジアムも今は取り壊され、跡形もありません。

③女子選手の台頭

戦後のテニス界で、女子選手の躍進も特筆に値します。その先鞭を付けたのは、先の加茂一族の一員である加茂幸子で、1952年の全米ダブルスでベス

ト8に進出するとともに、1954年に女子選手として初めてウィンブルドンに出場しました。

次いで、沢松和子の活躍が光ります。1975（昭和50）年には日系のアン清村と組み、ウィンブルドン女子ダブルスに優勝し、日本女子初のグランドスラム制覇者となりました。

その後、佐藤直子、井上悦子、伊達公子、沢松奈生子らが国際舞台で活躍します。当時は、選手をサポートする現在のようなチーム編成はなく、試合エントリー、移動、宿泊等の様々な手配を可能にするインターネット等ももちろんなかったので、主に一人で対応し大変だったと、井上悦子さんに伺ったことがあります。しかし、こうしたハンディを乗り越え、先駆者たちが道を開いてくれたのです。

中でも傑出した成果を出したのが、伊達公子です。1996年のウィンブルドン大会で、当時世界1位のシュテフィ・グラフ（独）を相手に二日間（初日日没中断）準決勝を戦いましたが、今でも語り草になる死闘でした。朝のNHKで、ニュースの延長としてお茶の間に届けられ—筆者も視聴しました—テニスファンのみならず、国民をハラハラさせました。

彼女は最高位世界4位にランクインしています。独特のライジングショットが彼女の決め手でした。覚えている方もおられるでしょう。

伊達とともに、杉山愛もダブルスを中心に大活躍しました。2000年にデキュジス（仏）と組んで全米を、2003年にはクライシュテルス（ベルギー）と組んで全仏、ウィンブルドンを制覇しました。2000年にはダブルス世界1位に君臨しましたが、世間での注目度がいまひとつだったのは、ダブルスゆえであったか、少し残念ではあります。重心を落とし大きく開脚して構えるサービスリターンが印象深い人も多いと思います。

彼女と相前後して、吉田友佳、浅越しのぶ、藤原里華、森上亜希子といった選手たちが四大大会をはじめとし国際的にも羽ばたきました。彼女らを追って、土居美咲、奈良くるみ、青山修

子といった中堅選手や、1994年生まれの日比野菜緒、加藤未唯、二宮真琴、穂積絵莉、尾崎里紗らの選手たち（「華の94年組」という）、さらに四大大会を何度も（現在3回）制し、世界ナンバーワンに上り詰めた大坂なおみ等の若手を含めた女子選手がコートに躍動しています。その活躍に加え、容姿やファッションも相まって女子プレーヤー特有の華やかさを演出していますね。

④インフラ整備と錦織選手の出現

少し話は遡りますが、施設面では1983（昭和58）年に多数面のコートを有する有明の森公園（東京都）が完成し、87年には有明コロシアムが建設されました。テニスの聖地が、先にお話しした田園コロシアムから有明に移りました。もっとも国際的な試合が行われる聖地という意味であって、愛好者の間では、明治神宮外苑コート等のより愛着のある聖地があるかもしれませんね。

この時代（昭和末）までの選手は、神和住純、福井烈等に代表されますが、国内の大会も数多くあり、あまり海外で活躍する選手は現れません。

やがて平成の時代になりますが、ここで国際的な活躍を見せたのが松岡修造です。

彼は日本人離れした強力なサーブを武器に、最高ランキング46位を記録し、1992年には韓国オープンで日本人選手として史上初めてツアー優勝をし、95年のウィンブルドンではベスト8まで進出します。男子の国際的活躍の道を開いた、現代テニス界の先駆者です。

彼が開拓した道をさらに進めたのが、現代のエースであり、スター選手の筆頭格の錦織圭です。バックハンドから繰り出される正確な強打「エアケイ」のような華やかなプレーは見る者を魅了しますね。

彼はアメリカを技量向上の場としており、若い頃から国際舞台での活躍が顕著で、ATPツアーでの優勝が12度（2020年7月現在）を数え、リオ五輪では銅メダルを獲得しました。

2014年全米決勝をチリッチ（クロアチア）と争い惜しくも敗れましたが、グランドスラム制覇が近いかの夢をファンに与え、同年末のATPツアーファイナルにアジア男子初の進出を決めました。以降3年続けてトッププロの証しであるツアーファイナルに出場しました。世界ランクは4位（当時フェデラー、ジョコビッチ、マレーに次ぐ）が最高です。

彼は、こうした好成績やプレースタ

イル、人柄から、全スポーツ選手を通じた好感度ナンバーワンに推されることも多く、テニスを身近にした功績は大きなものがあります。

彼のほかにも、ここ十数年、鈴木貴男、石井弥起、添田豪、守屋宏紀等の選手がコートに躍動し、とりわけ杉田祐一、伊藤竜馬、内山靖崇、ダニエル太郎、西岡良仁、マクラクラン勉等の選手は、四大大会、デ杯等国際的にも大活躍しています。

はるかに遡ること1959（昭和34）年、美智子妃のご成婚でテニスブームが起こりましたが、こうした現代の選手の活躍や、多くの人がテニスの持つ魅力「心や体のキレイさ、長生きの源」に覚醒することで、新たなブームが日本に再来することを期待したいですね。

⑤世界をリードしてきた選手たち

テニスは、200国以上でプレーされているといわれるワールドワイドなスポーツです。日本選手を先に紹介して順序が逆になったかもしれませんが、皆さんもご存知の世界をリードしてきたプレーヤーを概観してみます。

シニアの読者の方は知っている、あるいは映像や場合によっては実物を見たことがある年代の選手からひもといてみましょう。

■男性プレーヤー

第2次大戦後、オーストラリア勢が躍動しました。フランク・セッジマン、ルー・ホード、ケン・ローズウォール、ロッド・レーバー、ジョン・ニューカムといった選手たちです。

彼らの中には、今でも四大大会のVIP席に顔を見せ、テレビに映ったり、スタジアムの名前に冠せられたりしているので、ご存じの方もおられるでしょう。

次いでアメリカ勢が台頭しました。ジミー・コナーズ、ジョン・マッケンローといった選手です。彼らにスウェーデンのビヨン・ボルグを加え、3人で世界ナンバーワンを10年以上続けたという傑出した存在でした。

独特のフォームのマッケンロー

13

次いで面白いことに、ヨーロッパ選手が躍進します。

イワン・レンドル(チェコ)、マッツ・ビランデル、ステファン・エドバーグ(ともにスウェーデン)、ボリス・ベッカー(ドイツ)といった選手です。エドバーグの「サーブ・アンド・ボレー」やベッカーの「ブンブンサーブ」に魅せられた方も多いのではないでしょうか。

ブンブンサーブのベッカー

次いで1990年頃からまたアメリカが復活します。アンドレ・アガシ、ピート・サンプラスといった面々です。

21世紀に入り、つい先頃までビッグ4と呼ばれていた選手の時代になりました。言わずと知れたロジャー・フェデラー（スイス）、ラファエル・ナダル（スペイン）、ノバク・ジョコビッチ（セルビア）、アンディ・マリー（イギリス）の4人ですね。今はこの4人(マリーを除く3人とも)に、ネクストジェネレーションと呼ばれる若手も加わり、大変興味深い主導権争いが展開されていますね。

紳士フェデラー

無尽蔵のスタミナを持つナダル

■女性プレーヤー

次いで女性です。1970年代に偉大なプレーヤーが2人いました。マーガレット・スミス・コート(オーストラリア)、ビリー・ジーン・キング(アメリカ)です。彼女らの名前を冠したスタジアムもあり、名前だけは多くの方がご存じでしょう。

彼女らを継いだのは、アメリカ勢のクリス・エバート、マルチナ・ナブラチロワです。ナブラチロワは、5年間世界のナンバーワンに君臨するとともに

に、最多タイトルホルダーでもあり、テニス史上傑出した存在です。

クールなことからアイスドールと呼ばれたエバート

その後シュテフィ・グラフや、四大大会最年少優勝記録を樹立したモニカ・セレシュ（アメリカ）、マルチナ・ヒンギス（スイス）が続きました。ヒンギスは両親がナブラチロワにちなんで命名したとも言われましたね。大変クレバーなプレーヤーです。

その後、世帯交代が続き、今世紀に入

天才ヒンギス

り、セリーナ・ウィリアムズ（アメリカ）が女王の座に君臨、抜群の強さを見せました。その容姿から人気を集めたマリア・シャラポワも忘れることはできません。日本人選手も、かつての伊達公子や現在は大坂なおみが現れ、世界の上位を争う頼もしい時代に入っていますね。

200キロを超えるサーブを誇るセリーナ

§2 | テニスというスポーツの特性

テニスというスポーツは、様々な視点から特性を述べることができますが、本書のテーマと関わりの深い事柄を中心に、特性を探ってみましょう。

1 老若男女を通じ楽しめる生涯スポーツであり、世界中でプレーされている

コートとラケットとボールがあれば可能なことから、小学生から80歳台の高齢者まで比較的容易にプレーできるスポーツです。ジュニアの大会ももちろん盛んですが、最近、市民大会等で75歳以上、80歳以上というカテゴリーも設けられる状況でもあります。

また、テニスの愛好者は世界中に及び、200国以上1億人以上というデータもあります。

2 全身運動である

テニスは、打つ、走る、跳ぶ、投げる等の運動の基本的要素が万遍なく盛り込まれた全身運動であり、健康保持とも密接に関わるスポーツです。野球のように野手、投手といったポジションによりトレーニング方法や使う筋肉が大きく異なる点もありません。

3 瞬発力と持続力を共に必要とする

テニスでは、ストローク、ボレー、サーブの個々のショットのため、瞬発力・無酸素系パワーを必要とします。しかし1ポイントは、ラリー戦になりショットが続くこともしばしばで、この時、無酸素系持久力が求められます。

さらに1試合を考えますと、アマチュアで通常1セットたまに3セットマッチ、プロの四大大会になると5セットマッチ(男子の場合)になります。所要時間も30分程度から、5セットマッチでは5時間を超える試合もあります。時間だけでなくプレーの移動距離も、3セットマッチでは、通常2キロ前後は走るとされます。この2キロはほとんど動かずにショットできる場合はカウントされず、全力疾走に近く、これだけ走ることになります。しかも「止まって、走って」の繰り返しです。ジョギングなどと比べ、相当激しい有酸素持久力が求められることになります。

実はテニスは、試合で2時間のプレーとすると、実際のボールの打ち合いは23分程度で、後の80%は激しい動きがない(準備や休憩)というデータもあり、非常に緩急のある運動です。動き続けているマラソンやジョギングと大きく違います。

このようにテニスは、試合や練習を通じ、瞬発力と持久力が求められ、筋

力や心肺機能のアップなど総合的に健康増進が図られるスポーツということになります。

④ エネルギー消費が高い

テニスは、無酸素系持久力、有酸素系持久力が求められ、時間当たりのエネルギー消費が高いスポーツです。プレー中、激しい運動で、塩分はもちろんですが、水分・カロリーの相当量の補給が必要となります。これらを消費し補給するのは、血液・細胞中でかなりの代謝が生じていることを意味します。激しく動かした筋肉も損傷し、補修を必要としています。この機会に、健康・美容等も考慮した補給をすれば体の質的改善も期待できるでしょう。

テニス愛好者の皆さんは、経験があると思います。日中数時間プレーすると、夕方には２～３キロ体重が減少していることは珍しくありません。相当部分が水分でしょうが、健康・美容を考慮した水分・栄養補給は、うれしいことに徐々に皆さんの体の質的改善を促すはずです。

「プレー後のビールがうまい」と思ってテニスをしている人は、ストレス解放のメリットは大きいですが、体質改善は残念ながら保証されないでしょう。

⑤ 体力・知力・メンタルがプレーを左右する

テニスは、３章で説明するように、特有の技術の習得がプレーの向上につながります。ただ、特有の技術は、あらゆるスポーツにそれぞれ必要な要素であり、そのほかにどんな普遍的要素が必要かということが、そのスポーツの特性を際立たせます。

それは特有の体力・知力・メンタルです。

まず「体力」は先に見たように、無酸素系と有酸素系の持久力が求められます。さらに俊敏なフットワークやパワーを生み出す筋力も必要です。日頃から持久力や筋力アップを目指すトレーニングが必要となります。

次に「知力」です。テニスは相手のいないところへ打ったり、予期せぬ球種

（スライス、スピン、フラットなど）を打ったりする「いやらしいスポーツ」という見方があります。しかしスポーツに限らず、囲碁・将棋を含めた対人型のあらゆる勝負事には、「大局観・先見性・独自性」に立った判断と種まきが必要となるのは経験しているところです。

「人の行く裏に道あり花の山」という名言は、テニスにピッタリです。テニスはこうした知力を日常的に育み、発揮できる楽しいスポーツです。

さらに判断や実践、長いマッチを勝ち取る「メンタル」も不可欠です。いわばテニスは、音楽や絵画に例えれば、技術・体力・知力・メンタルの総合作品とでも言えましょうか。

6 少人数でプレーできる

テニスは、シングルスであれば最低二人でプレーできます。試合も練習もOKです。コートはもちろんあった方がいいですが、練習はコートなしでも可能です。気軽に取り組めるスポーツです。

サッカーや野球のような団体競技と大きな違いです。ただ、テニスにも対抗戦等の団体競技もあり、それなりの妙味や社会性も有しますが、それぞれの試合は4人を超えて行うことはありません。

用具もラケット、ボール、シューズ等が必要ですが、コートを除けばそれほど設備や装備が大がかりではありませ

ん。ポピュラーで身近なスポーツと言えるでしょう。

7 ゲーム性が高い

■勝敗の決め方

テニスはよく工夫されたルールがあります。勝敗は単純なポイントの累積ではなく、ポイント、ゲーム、セットで構成されます。4ポイント先取で1ゲーム（ジュースはこの限りでない）、6ゲーム先取で1セット（5-5の場合2ゲーム差を付ける必要はありますが）を獲得します。

バレーボールや卓球のように1セット（ゲーム）が単純にポイントの積算ではないので、逆転の可能性も潜んでおり、作戦の余地も多くあります。

■多様なプレーがある

テニスの技術には、ストローク、ボレー、サービス、スマッシュ等かなり質の異なる技術が含まれます。日頃からこれらの技術を磨いたり、試合で選択したりするという知恵と鍛錬が求められます。それだけ高度で、奥行きの深いスポーツと言えます。

いずれにしても、ポイントの有無で勝敗が明確になり、採点競技のように審判員の主観に委ねることもなく、勝負好きの方にとっては明快な競技と言えるでしょう。

8 おしゃれが健康・美につながる

テニスは大変ファッショナブルなスポーツです。このことは、服装のみを意味しません。用具の進歩から、プレースタイルも、ガエル・モンフィス(フランス)、ニック・キリオス(オーストラリア)がしばしば演じてくれるように、トリッキーなジャンプショットが可能です。錦織もしばしば、股抜き、ジャックナイフ、バックのジャックナイフ(錦織の決め技で、「エアケイ」と呼ばれる)など見ていても楽しい華麗な技を披露してくれます。

こうしたテクニックに加え、本命のウエアも速乾性や動きやすさという機能性のみならず、スタイル・色彩がますますファッショナブルになってきています。こうしたウエアを着ることは、プロ選手のみならずアマチュア選手にとっても、コート限定の装いとして楽しい選択になり、ストレスフリーにつながるでしょう。思い切って、おしゃれを志したらいかがですか? キャップ(サンバイザー)・ウエア・シューズ・バッグ等の色彩のコーディネートも、試合前から楽しい選択になりますよ。

速乾性等は健康向上に寄与するし、様々なウエア等を選択しおしゃれを心がけることは、女子・男子とも日常の束縛から解放され、精神衛生上もプラス効果があり、キレイで長生きを生む体作りにつながることでしょう。

懐かしの田園コロシアム

■テニスの大試合のメッカ

東京都大田区の田園調布の駅至近に、田園コロシアムという多目的屋外スタジアムがあった。ローマのコロッセウム（闘牛場）を小ぶりにしたようなスタジアムである。

ここでは本当に見世物として、空手の当時の第一人者だった大山倍達と牛の格闘戦も開催されたことがある。

さらにテニスの国際試合がよく開催された。1955年から30年間この頃は有明もなく、デビスカップはほぼここに決まっていたように思う。東洋ゾーンといって、いつもフィリピンとインドが相手だった。フィリピンはアンポンとディロ、インドはクマールとクリシュナンが常連だった。日本は加茂公成、宮城淳選手の時代から石黒修、神和住純といったその後の選手の時代に入る。

なんでそんなことに私が詳しく、しかも詳述するのか。実はこのコロシアムの脇に小学校（田園調布小学校）があり、そこが母校だった縁による。

教室からスタジアムの上部がのぞけ、デ杯の歓声が聞こえ（今にして思えば金曜か土曜）、スコアボードが眺望できたのである。私は勝負を予想し、翌日、新聞で確認して胸を張ったりしたものである。

でも、当時（昭和30年代）、テニスはメジャーなスポーツではなく、まして友だち（小学校上級生）は全く関心がなかったようだが、私は違っていた。「スポーツ日記」をつけていて、学校に提出していたこともあり、私の心に大切な思い出を残した。

■いろいろな足跡を残して

田園コロシアムは、テニスの試合やプロレスの試合、その後はコンサートの会場になった。

ザ・タイガース、ピンク・レディー、オフコース、サザンオールスターズ、チャゲ＆飛鳥などの演奏会が開催され、ファンをしびれさせた。

その後、施設の老朽化や、類似の巨大施設が各地に誕生したこともあり、1989年にその使命を終えた。

跡地は大きな高級マンションになったが、隣接の田園コートは健在で、いつもプレーヤーの球音がこだましている。

第 2 章

健康・長寿を生む

「テニスの科学」

本書の核心ともいえる章です。テーマとなった「テニスが健康で長生きに有効」という科学的根拠を探ります。ここでは国際的な二つの調査研究を参照します。さらにこうした研究を下敷きに、「テニスを社会的に評価する」アメリカのリポートを取り上げます。

健康・長寿を生むテニスの科学を探る旅に出ることにしましょう…。

§1 医学的研究データ等

テニスと長生きの関係を医学・生理学的に考察した二つの研究と一つのリポートが最近外国で発表されています。従来、常識的に考えられてきたことを覆す驚きの内容も含まれています。紹介していきます。

①英国での健康調査

この調査・研究は、2017年に医療系サイト「メディカル・ニュース・トゥデイ」で報じられました。

研究では、1994年から2008年に行われた英国の年次健康調査のデータを分析しました。対象者は80306人。各人を平均9年間追跡しました。

調査対象となったスポーツは、サイクリング、水泳、エアロビクス・体操・ダンス、ランニング・ジョギング、フットボール・ラグビー、バドミントン・テニス・スカッシュの6カテゴリーです。

各種のスポーツを行っている人々の死亡率と全く運動をしなかった人の死亡率を比較しましたが、結果は次の通り。

種　目	死亡率
ラケット競技（バドミントン・テニス・スカッシュ）	47% 低い
水泳	28% 低い
エアロビクス系	27% 低い
サイクリング	15% 低い
フットボール	18% 低い
ランニング	13% 低い

※フットボール、ランニングにいては、対象者による幅が大きく、論文では、顕著な減少としていない。

全ての死因について死亡率を比較した結果ですが、循環器疾患の予防効果に限った場合は、サイクリング、ランニング・ジョギング、フットボール・ラグビーに有意な効果が見られませんでした。

これらは大変興味深いデータです。ラケット競技をする人々の死亡率が運動をしない人々と比較し相当低い一

方、ランニング・ジョギング等は長寿とあまり関係がない、サイクリングに関してもラケット競技ほど死亡率の低減が見られない、という結果になっています。

データからは、持久型のスポーツは、あまり長寿（死亡率）とは関係がないという傾向が読み取れます。

同時にスポーツの強度（運動量）についても分析しています。スポーツの強度を増すと長寿傾向とパラレル（比例）になりますが、一定の強度を超えると長寿を害する結果になる、ということです。事例で言うと、適度なペースで行う適度な量のランニングの継続は、楽なランニングやきついランニングの継続より長生きにつながる、というのです。この辺りは、われわれとしても体験的に理解しやすいところかもしれません。

②デンマークでの調査研究

この研究は、デンマークやアメリカの国際的な科学者のグループにより2018年にアメリカの医学専門誌「メイヨー・クリニック・プロシーディング」誌に発表されました（本稿は、それをリポートしたニューヨークタイムズ紙のレイノルズ記者の記事「長寿のためのスポーツは？　テニスのお試しを」より骨子を引用）。

研究は、長期間（25年間）のデータが取れていたコペンハーゲン在住の8600人を対象としました。調査対象

となったスポーツは、デンマークで人気のあるサイクリング、水泳、テニス、サッカー等の8種類です。

これらのスポーツをしている人と運動をしていない人の余命を比較しました。その結果、次表のことが分かりました。

※（筆者注）これは医学的な疫学（疾病・健康状態について、地域・職域等の多数集団を対象とし、その原因や発生条件を統計的に明らかにする学問）調査であり、対象者選定、統計処理等について科学的な手法によっています。

種　目	活動していない人より
フィットネス	1.5 年長生き
徒手体操	3.1 年長生き
ランニング	3.2 年長生き
水泳	3.4 年長生き
サイクリング	3.7 年長生き
サッカー	4.7 年長生き
バドミントン	6.2 年長生き
テニス	9.7 年長生き

驚くべきことは、フィットネス（器具を使った有酸素運動やウエイトトレーニング）や徒手体操（自重による筋トレや体操）等の基本的運動より、ラケットスポーツの延命効果が著しく高いことです。

結果は、参加者の教育レベル、社会的経済的レベル、年齢をコントロール（条件を変えてみる）しても変わりなかったといいます。

結果の分析として、レイノルズ記者（このリポートの筆者）がコメントを求めたジェームズ・オキーフ医師（米国カンザスシティの医療機関の予防心臓医学ディレクター）の判断を載せてい

ますが、同医師は「◯スポーツによって異なる身体的負担が関与しているかもしれない、◯参加者の収入などライフスタイルが関与しているかもしれない、としつつも、◯心拍数を上げるスポーツは健康長寿に大事である、◯ラケットを使うスポーツやチームで行うスポーツの社会的な要素が長寿につながる主因であろう」と述べています。同記者は、オキーフ医師の見解を引用しながら、パートナーが必要なスポーツやチームスポーツを行って、運動の長寿効果にトライすることを勧めています。

③米国テニス事業協会のリポート

アメリカのテニス事業協会（TIA）は、最近「テニスをするべき10の理由」というリポートをまとめました。この中に、テニスの様々な効用が述べられていますが、多くの項目で長寿との関わりに触れ、極めて興味深い内容になっています。

※10項目自体は同協会のリポートによりますが、その解説は筆者によるコメントです。

［肉体の向上］

1 ダイエット効果がある

ダイエットの失敗は、長続きしないからであることが多いですね。一人で黙々とやり続け、心から楽しいと思えないことは長続きしません。きっと「◯◯ザップ」より楽しいはずです。

2 長生きできる

瞬発力と持続力が養われる優れたスポーツです。こうした体力の養成が心臓疾患のリスクを低減させ、長生きにつながるという研究があります。

また相手や味方とコミュニケーションをとるスポーツです。こうしたことも長生きにつながるという研究がなされています。

3 心臓・筋肉・骨が強くなる

運動の負荷は、心臓・筋肉・骨を強化します。負荷を自分に合ったように調整できるのも、テニスの特性です。

［頭脳の向上・心の解放］

4 ハンド・アイ・コーディネーションの向上

手と目の調整能力の向上のことです。空間把握・バランス・予測の能力を高めることは、他のスポーツや日常の動作に有効です。

5 ストレスを軽減する

動作、ウエア、ナイスショット等が日常生活でたまるストレスの解放に大いに貢献します。思い切ったウエアやカラーコーディネートは楽しいですよ！

6 脳力を高める

相手の動きの予測、オープンスペースへのショット等、頭を使うスポーツです。相手のショットの方向・球種を

自分のショットでコントロールする楽しみもあります。しかも一発勝負のショットだけでなく、自分で種まき・刈り取りのできる頭脳プレーが有効なスポーツでもあります。

7 問題解決力を強化する

自分のショットに対する相手の反応、相手のショットに対する自分の反応や自然（風や太陽光など）への対応の経験を積み重ね、パターンを発見するとともに、パターンの逆を突く等臨機応変な対処は、ほかのスポーツや日常の判断にも有効な能力になるでしょう。

[生活の質の向上]

8 家族や友だちと楽しめる

老若男女を問わず、生涯にわたり長期間プレーを楽しめる数少ないスポーツです。見知らぬ人ともプレーを通じ交流の幅を広げることが容易であり、

仲間づくりにも大いに役立つスポーツでもあります。

9 チームワークやスポーツマンシップの向上

味方や相手が必要なスポーツです。成果を高め、気持ち良くプレーするためには、チームワークやスポーツマンシップが不可欠で、これらに配意することが、「人間力」を高めることにもなります。

10 ソーシャルスキルの向上

9項と連動しますが、相手や味方とコミュニケーションを取りながらプレーします。この辺は対人競技ではあっても格闘技等とは基本的に異なります。相手の立場を考えながら、プレーし、その輪を広げていきます。8・9・10項に見られるような社会参加への能力は、人間の本質の一部であり、長寿の源泉になると言う研究者もいます。とても深い考察になりました！

目指せ、健康（長生き）・キレイの頂─「私はテニスで体は100％磨かれ、ストレスは0％（だといいな）」（写真のプレーヤー）

日本テニス事業協会が作成したテニスをする理由（原案は米国テニス事業協会）

§2 | 長寿効果を生む要因

二つの研究の定量的データの分析や一つのリポート（アメリカのTIA）の定性的フレーズから、テニスと健康・長寿の関わりの強さを知ることができました。なぜテニスが他のスポーツと比べ、健康・長寿への扉を開くのか、先の資料に十分ヒントが見え隠れしていますが、それをここで医学生理学的に、あるいは社会学的に整理すると、大きくは五つの要因が考えられます。

1 テニスは、心肺機能を強化するといわれる有酸素運動と、瞬発的な動きで筋力を鍛える無酸素運動を自然に行えるスポーツである。

いろいろなスポーツを通じ、持久力と瞬発力を取得するためインターバルトレーニング法を採用することが多くありますが、テニスプレーは、巧まずして高強度のインターバルトレーニング（高強度のパフォーマンスと不完全休息を交互に取る）になっています。

さらに、週3時間のプレーで、心臓疾患のリスクが56％低減されるデータもあります（日本テニス事業協会資料※）。

2 テニスは、手足・体軸をフルに使う全身運動である。

体全身の筋肉・骨格を万遍なく使う

が、特に年齢とともに衰えがちな脚力を必要とし、瞬間的・持続的な消費カロリーも高いです。このことは、ダイエット効果ももたらします。

3 プレー内容、プレー環境、プレーをする服装（ファッション）等の中に、日常のストレスを軽減する要素が多分に含まれる。

日常のストレスの蓄積は、長寿・健康生活を妨げる最大のリスクの一つです。納得したプレーのパフォーマンスは、快感を誘引するホルモン（βエンドルフィン）の分泌を増加させます。

男女を通じ、コートでの思い切ったファッション（服装スタイル、カラーコーディネートを含め）は、心のストレスフリー（解放）効果が高いと言われます。男性の赤色もいいですね。競技は違いますが、大谷翔平選手の所属するメジャーリーグのロサンジェルス・エンジェルスのユニホーム（ホーム用）は、赤が基調でカッコいいですね。

4 テニスは、適度に頭の回転を自律的・他律的（意図し、あるいは意図せず）に促すスポーツである。

相手あるいは味方のいるスポーツなので、相手の思惑の逆を突く、味方を生かす戦略・戦術を工夫することは、老化防止や脳の活性化につながります。

※日本テニス事業協会「アメリカTIAニュース2017/6飯田」

5 オンコート、オフコートを通じ、仲間（相手を含む）と行うスポーツの社会性・社交性が、社会の一員としての自覚や社会参画意欲を生む。

こうした社会的営みが、生存（長寿）意欲につながるという多くの心理学者・生理学者の見解があります。さらにチームワーク、マナー等のソーシャルスキルが磨かれることも同様の効果を生みます。

テニスというスポーツは、以上のような要因を他のスポーツや多くの趣味に比べふんだんに持っており、各要因が相乗効果となって心と体の健康をもたらし長生きの源泉となっている、と総括することができると思います。

§3｜医学・生理学的なメカニズム

ここでは、今お話ししたような方向性としては認識されつつある長寿効果について、最新の医学・生理学の知識で、そのメカニズムをなるべく平易に説明してみましょう。

誰しも中高年になって認知症になったり、生活習慣病の現れである脳や血管のダメージから不自由な体になったりして、周りの人の厄介になることは嫌ですね。長生きするなら健康で長生きしたいですね。さて、そのためにどうするか。若い貴方も、知ってください。

心身ともに健康な生活を続けるためには、運動や食物が大事であることは、

誰でも経験的に知っています。

でもそのメカニズムを正確に知っていますか。運動の中でもテニスとの関係はどんなものでしょうか。

こうしたメカニズムを研究する中で、最近では「体の健康」と「脳の健康」が密接に関連することが分かってきました。

■ポイントとなる道筋

入口　運動・食物

脳

筋肉・体

出口　健康・長生き

まず理解しておきたいことは、健康体という 出口 にたどり着くために 入口 として運動と食物が重要ということです。

ポイントとなる道筋を次の網かけ部分にまとめました。別図（次ページ、恐らく本邦初作成）を参照しながら、読み進めてください。

2

健康・長寿を生む「テニスの科学」

運動・食物～脳・筋肉～健康のメカニズム【尼ヶ崎、山崎作成】

行動

運動する

〈どんな運動〉　　　　　〈効能〉
インターバル運動　　　●細胞内 ミトコンドリア の改善～栄養分を分解してエネルギー源 アデノシン三リン酸 （ATP）とする。
タウリン （タコ・イカ）はミトコンドリアを増す。
ビタミンB群や鉄 はミトコンドリアがATPを作るに必要。
●筋肉の増強・維持

社会性を高める運動　　●脳の活性化

食べる

〈何を食べる〉	〈栄養素等〉	〈効能〉
大豆（煮豆、豆腐、納豆）、ナッツ、卵黄、小麦全粒粉、鶏卵、魚介類、乳製品	→ レシチン → チロシン	→ 体内で アセチルコリン に → ノルアドレナリン ドーパミン の分泌を高める
	トリプトファン ＋ 炭水化物、VB群	→ セロトニン、メラトニン を生成
青魚 →	DHA ＋緑黄野菜	→ 神経伝達物質を活性化、善玉コレステロールを増やし悪玉を減らす。
炭水化物〈エネルギー源〉→	ブドウ糖	→ 脳・筋肉が大消費器官

作用する部位

脳 ⇅ 筋肉

脳の健康と体の健康は密接に連動

〈神経伝達物質〉	〈効能〉	〈不足すると〉
アセチルコリン	記憶・認知能力	アルツハイマー型認知症
ノルアドレナリン	集中力・積極性	気分の落ち込み、うつ
セロトニン メラトニン	気分調節	キレやすい、睡眠障害
ドーパミン	楽しさ・心地良さ、体の動きのコントロール	感動不足
βエンドルフィン（幸福ホルモン）	テンション・免疫力アップ	

成果

健康ライフ
認知症予防
生活習慣病予防

[アルツハイマー型認知症]
原因： アミロイド や タウたんぱく質 が脳内にたまる。～喫煙、抑うつ、運動不足の人は、たまりやすい。糖尿病、社会参加不足も要因。

[生活習慣病]
動脈硬化、認知症などで、脳の健康維持が予防につながる。

◎健康体という出口にたどり着くため、入口（食物と健康）を考えます。

まず適度の運動によって、筋肉を維持・増強させたり、栄養分を分解してエネルギー源とできるような体作りを目指す必要があります。

次に適切な食物によって、「筋肉を作ったり」「脳の神経伝達物質を作ったり、機能的に作用させたり」「運動のエネルギー源とする」必要があります。

◎こうした運動や食物によって心と体の健康づくりを目指しますが、このプロセスで脳の健康（脳からの神経伝達物質が有効に機能するか否か）が、大きく影響します。

[それぞれの栄養素と神経伝達物質が深い関係にあることを知ってください！]

こうしたメカニズムが円滑に機能すれば、重度な生活習慣病に陥ったり認知症にならない健康体出口にたどり着きます。

■具体的なメカニズム

このプロセスを入口から出口の順に、具体的な運動器官、栄養素、神経伝達物質の名前を出しながら、最先端の医学・生理学の「さわり」に触れます。

横文字の栄養素等がいろいろ出てきます。覚える必要はありませんが、非常に重要なものですので、図（前ページ）を見ながら口に出してみると、理解も進むと思います。

① 「運動」と健康
■エネルギー源として

テニスは何度か述べたように有酸素運動と無酸素運動を繰り返す「インターバル運動」に特色があります。インターバル運動は、体内の細胞内の「ミトコンドリア」という小器官の改善に役立つことが分かってきました。ミトコンドリアは栄養分を分解して「アデノシン三リン酸（ATP）」というエネルギー源にします。

実は、脳は千数百億個ともいわれる神経細胞が密集しており、その活動のため食事等から得られるエネルギーの18％も消費しています。このエネルギー消費量は、体内の全ての筋肉が消費するエネルギー量とほぼ同じなのです。いかにミトコンドリアを活性化しエネルギーを取り出すことが大事かが分かります。

このミトコンドリアは、心臓、脳、筋肉といった臓器をはじめ、体内の全身の臓器等に存在しています。ミトコンドリアを活性化させるためには筋肉の細胞を増やす運動が有効です。それには単なるウオーキングでは負荷が小さく細胞が刺激されませんが、速足で行うウオーキングまたはインターバル速歩が有効であることが分かっています。※ こうした運動の効果をプレーしながら手短に得られるのがテニスと言えるでしょう。

このミトコンドリアの活性化に役立つ食物について触れておきます。タコ

やイカに含まれる「タウリン」という物質はミトコンドリアを増やすのに役立ちます。また「ビタミンB群や鉄」はミトコンドリアがATPを作るのに必要な栄養素です。

■脳の活性化

さらにインターバル運動が脳の活性化と関係があることも、筑波大などの研究[1]で分かっています。

高強度インターバルトレーニングが一番効果があるということです。休憩を挟み高度のトレーニングを繰り返す運動です。高強度はなかなかつらいですが、強度を少し落としても効果があります。最大酸素摂取量の60％くらい（一般的な有酸素運動と同程度の運動強度）でも実験では好結果でした。中強度で30秒、休憩30秒を8セット繰り返す実験でした。運動内容は、速歩、全身体操、ウエイトトレーニング等です。

中程度のインターバルトレーニングも脳の活性化に有効との結果であり、日常ベースに落とすと、速歩きと通常歩きを繰り返すことも有効です（信州大学の実験[2]では、3分速歩き、3分のんびり歩きを5セット繰り返しました）。

■さらなる効果

さらにテニスは「インターバル運動」に加えて、配球等に際しての頭脳やパートナーとの協調性、団体戦の場合はチームワークなど「社会性を高める運動」でもありました。この点は脳の活性化に役立つと考えられます。

② 「食物」と健康

食物も運動と相まって健康づくりに重要です。特に最近の研究で着目されている「脳の健康」との関わりを中心に話します。

食物中の栄養素が、次項で述べる脳の神経伝達物質になったり、その働きを助けたりする様子を、図をご覧になりながら読み進めてください。

「レシチン」という脳に重要な栄養素があります。この物質は体内で「アセチルコリン」という神経伝達物質になります。

次に「チロシン」という栄養素ですが、神経伝達物質「ノルアドレナリン」「ドーパミン」の分泌を高めます。

レシチンやチロシンは、大豆（煮豆、豆腐、納豆）、ナッツ、卵黄、小麦全粒粉、鶏肉、魚介類、乳製品に多く含まれます。

次に「トリプトファン」という栄養素は、炭水化物と一緒になって、神経伝達物質である「セロトニン、メラトニン」を生成します。

青魚に多く含まれる「DHA」は、緑黄野菜と一緒になり、神経伝達物質を活性化させたり、善玉コレステロールを増やし悪玉を減らしたりする効能を発揮します。この不足は、認知症のリスクを高めます。

炭水化物に含まれる「ブドウ糖」はエ

※1 征矢英昭「運動時の強度-神経活性相関と脳機構」　※2 能勢博、信州大学バイオメディカル研究所

ネルギー源として、脳や筋肉の活動に不可欠です。

これらの栄養素等が、脳や筋肉の活動・細胞の生成に関わり、その成果として健康な心身を生み出すわけです。

③ 脳内の神経伝達物質

「脳の健康」が肉体の健康と密接に連携し、その関係が最近、解明されつつあると記しました。

脳内で活動する主な神経伝達物質の種類、その効能、不足すると生じるリスクは次のようになります。

「アセチルコリン」は、記憶・認知能力に関わり、不足するとアルツハイマー型認知症のリスクが高まります。

「ノルアドレナリン」は集中力・積極性に関わり、不足は気分の落ち込み・うつのリスクが高まります。アドレナリンが出て、頑張ったなど、よく日常的にも使いますね。

「セロトニン、メラトニン(睡眠ホルモン)」は気分調節に関わり、不足はキレやすい・睡眠障害リスク等につながります。

「ドーパミン」は楽しさ・心地良さ・体の動きのコントロール等に関わり、不足は感動不足リスクを招きます。

さらにユニークなお仲間を紹介すると、「βエンドルフィン(幸福ホルモン)」は「脳内麻薬」とも呼ばれ(穏やかではないですね)、テンション・免疫力アップ、アンチエイジングに効果があることが分かっています。

このように「脳の健康」は即「体の健康」につながることが分かってきました。両者は相互に作用し合っているわけで、いわばその総合成績が「健康で長寿な心身」として発現するメカニズムになっていました。

テニスライフと適切な食物摂取が、健康長寿ライフと、統計的にも医学・生理学的にも深く関わっていると知って、愛好者としてはうれしい限りですね。

§4 │ 気になる生活習慣病、認知症

今まで適切な運動や食生活の成果として健康な体(出口)の獲得を目指すメカニズムについて学んできましたが、これがうまくいかないケース、生活習慣病や認知症(生活習慣病であるが、特記)の話をよく耳にします。こうした病のリスクを避けるためにも、これらのこともももう少し知っておきましょう。

① 生活習慣病

日本人の３大死因であるがん・脳血管疾患・心疾患、さらに脳血管疾患や心疾患の危険因子となる動脈硬化症・糖尿病・高血圧症・脂質異常症などはいずれも生活習慣病と言われます。以前は「成人病」と呼ばれていましたが、成人であっても生活習慣の改善で予防可能で、成人でなくても発症可能性があるので、近年はこのように呼ばれています。

これらの病をもたらす生活習慣に関わるリスクを生む要素として、「栄養、

運動、休養、たばこ、アルコール」が挙げられます。日本生活習慣病予防協会では、これらの要素について正しい生活を習慣付けていくために、「一無、二少、三多(さんた)」を提唱しています。一無は「無煙」、二少は「少酒」「少食」、三多は「多動(多くの運動)」「多休(多くの休息)」「多接(多くの人との接触)」のことです。

特に中高年の方々に耳が痛いのではないでしょうか？「一無、二少、三多」の具体化には、食(栄養)では食事内容の改善が必要ですし、運動では継続・多動のために楽しく、仲間と続けられる選択も必要でしょう。

病へのリスクとしては、先の5要素のほかにも、加齢、ストレスも大きなリスクでしょう。命を永らえ、社会生活を送る上で不可避のリスクのようにも感じますが、年齢に応じた運動・食生活の工夫や、ストレスを軽減・発散させる状況に身を置く工夫で回避・軽減が可能です。

生活習慣病は、貴方の運動、食事、生活態度が問われるリトマス試験紙と言えるでしょう。

②認知症

同じように高齢者、高齢者を抱える家族を中心に、心配なのが認知症です。認知症にはいくつかの種類がありますが、○最近のことを忘れる「アルツハイマー型認知症」 ○一定の記憶は保たれ、まだら状で記憶を失う「脳血管性認知症」―等があり、2タイプで9割を占めています。

加齢による「物忘れ」は、通常誰にでもあり(失礼！)、記憶をたどるのに時間がかかり「思い出す」のが苦手になっている状態ですが、認知症は「学習して覚える」ことができなくなっている状態と言われます。

例えば、待ち合わせ場所をなかなか思い出せないのが物忘れで、約束したことを忘れているのが認知症と分別されるそうです。物忘れと認知症の差を、次の表で示しておきましょう。

	加齢による物忘れ	認知症による物忘れ
忘れる内容	一部が思い出せない(例：人と会う約束をしたが、場所が思い出せない)	全体が思い出せない(例：人と会う約束をしたこと自体忘れる)
新しいことの学習	覚えられる	覚えられない
日常生活	ぼつぼつ通常通り送れる	支障がある
社会性	あまり影響がない	人格が変わるなど問題が起こる可能性

認知症の要因について、国際的に権威ある医学雑誌「ランセット」によれば、生涯にわたるリスクのうち喫煙、抑うつ、運動不足等改善できる要因が35％で、遺伝子、加齢等改善できない要因が65％です。

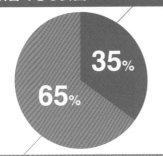

禁煙、抑うつ、運動不足など改善できる要因

35%

65%

遺伝子や加齢など改善できないもの

　高齢になり生涯にわたるリスクが蓄積されて現れ、このほか、社会参加の不足による脳への刺激減少や糖尿病もリスクと言われます。

　現時点で残念ながら根本的な治療薬はありませんが、予防のための取り組みには多くの研究があります。共通しているのは運動不足の解消で、そのためのウオーキング、速歩が有効で、運動していない人より発症率が低いとのデータを多くの研究者が発表しています。

　高齢者やアルツハイマー型認知症患者は脳の大脳皮質や海馬で脳血流の低下が見られ、対策として先に学んだ神経伝達物質アセチルコリンが有効との発表もあります。§3で脳の活性化にインターバル運動が有効との研究を学んだところであり、一つの運動手法とはいえテニス愛好者にとっては、朗報ですね。

§5│平均寿命と健康寿命

1 健康寿命の実態

　近年の日本は、食生活の改善や乳幼児の死亡の減少を含む医療の進歩等により、平均寿命は延びる一方で、高齢期においても健康のまま生涯を過ごすのは多くの人の当たり前の希望です。

　WHO（世界保健機関）は、新しい健康指標として、介護を受けたり寝たきりになったりせず日常生活を送れる期間を示す「健康寿命」の考えを提唱しました。

　日本では男女ともに年々延びています。男性は01年に69.40歳、07年に70.33歳と70歳を超え、16年は72.14歳です。女性は01年に72.65歳、16年は74.79歳に延びました。

　16年の平均寿命は男性が80.98歳で健康寿命との差は8.84年、女性が87.14歳で健康寿命との差が12.35年です。

平均寿命と健康寿命の差　2016年

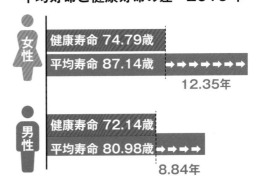

女性　健康寿命 74.79歳　平均寿命 87.14歳　12.35年

男性　健康寿命 72.14歳　平均寿命 80.98歳　8.84年

　こうした状況について、取りまとめをした厚労省研究班代表の辻一郎東北大教授は、「要介護の大きな原因となる

脳血管疾患の患者が、生活習慣の改善で減っている。高齢者の社会参加の場が広がっていることも、健康寿命の延びにつながっている」と分析しています。

　世界の状況も少し調べてみます。2016年に世界の平均寿命と健康寿命の差を健康寿命の高い順位に従い並べたのが次の表です。

世界の平均寿命と健康寿命の差　2016年

健康寿命の順位	国名	健康寿命（年）	平均寿命（年）	平均寿命と健康寿命の差（年）	左欄の順位
1位	シンガポール	76.2	82.9	6.7	5位
2位	日本	74.8	84.2	9.4	31位
3位	スペイン	73.8	83.1	9.3	30位
4位	スイス	73.5	82.9	9.8	35位
5位	フランス	73.4	83.3	9.5	32位

　平均寿命と健康寿命の差が大きくなると、介護が必要となる期間が長くなり、個人の生活の質が低下するとともに、国家的に見て医療費や介護給付費等の社会保障負担も大きくなり、そうした点からは良いデータと言えず、日本は相対的に良いポジションと言えるのではないでしょうか。

②健康寿命を短くする原因

　健康寿命が短くなる原因として、先進国（平均寿命の長い国）では、次のようなことが挙げられます。

　①（主として）生活習慣病等の病気〜対策としては、メタボリック症候群（内蔵型肥満に加え、高血圧、高血糖、脂質代謝異常の三つのうち二つ以上が組み合わさった症状）対策、がん検診による早期発見等が挙げられます。

　②認知症〜対策としては、運動・社会参加の促進等の認知症予防策が挙げられます。

　③ADL（日常生活動作）の低下〜ADL（Activities of daily living）の低下とは、着替え、入浴、歩行、外出等の日常生活動作の低下のことです。対策としては、ロコモティブ症候群（足腰の骨・関節・筋力の劣化により歩行困難を来す状態）対策が必要となります。

　ここでメタボリック症候群、ADLの低下、ロコモティブ症候群等の用語が出てきました。今は縁がないと思っている読者の方も、ご自分の家族等への対応を含めて、留意が必要な大事な概念ですので、ここで覚えてください。

③運動の効果

　これまで見たように、健康寿命へのリスクを軽減・除去させるための運動の重要性は多くの研究データから明ら

かになっています。

　運動は、「体形・体力・筋力の維持、心肺

運動の種類と効果

運動の種類	運動の効果
運動全般	●血流が良くなる ●食欲が湧き、腸の働きが良くなる ●気分が良くなる
水中歩行	心肺機能の向上
筋力トレーニング、バランス訓練	筋肉量の増大、筋力強化
ストレッチング	筋肉の柔軟性向上、関節の動き改善
ウオーキング	骨が丈夫になる

機能の向上、抵抗力の向上、血行促進、関
節痛の軽減、骨粗鬆症の予防、不定愁訴・
ストレスの軽減」等、その効能は限りな
く広範ですが、特に「健康寿命」に関連し
て、次の効能が医学・生理学的に実証(証
明)されています。これを医学的なエビ
デンスがあると言います。

　①メタボリック症候群対策

　②ロコモティブ症候群対策

　③認知症予防と対策

　④がん予防

　こうした研究成果を知り、(アスリー
トに対比し)一般人に対して中程度の
有酸素運動(速歩、水中歩行等)を勧め
る医者等も多いですが、スポーツマン
にとってはより複合的効果の期待でき
る運動を、楽しみながら実践すること
―単純なものは継続に難があるので、
その点テニスは好適です―がお勧めで
す。

科学と技術 !?

筆者は、神奈川県が主導して作った「神奈川科学技術アカデミー」（現・神奈川県立産業技術総合研究所）という機関に責任者の一人（事務局長）として長年携わった。かつて県知事を務めた長洲一二氏（「地方の時代」を提唱した経済学者）が、当時の文部省の規制によらない高等研究教育機関をつくる意欲的な試みの産物で、光触媒の研究(光触媒の応用の元祖である藤嶋昭元東京理科大学長もここで研究キャップを経験)等特許を含め相当の成果も挙がり、一時期、専門雑誌「日経サイエンス」で、日本最大の研究機関「理化学研究所」と対比されたり、国の「科学技術白書」で地方の成果として紹介されたりした。

こんな大仰なイントロになったのも、

筆者がここで国内外の一流の研究者（顧問にノーベル賞受賞者が３名いた）から「科学」「技術」のなんたるかの薫陶を受けたことの脱線です。

本題であるが、「科学」とは、究極のところ真理を見極めることで、本書で言えば「２章」の部分が深く関わる。これに対し「技術」は、科学で知り得たことを社会に普遍化させ、真理を極めるためのツールである、という点にある。本書でいえば「３章〜５章」が近い。

「科学」で分かっても「技術化」してはいけないこと、例えば原子力の軍事利用、細菌兵器等自明のことも多い。

元・神奈川科学技術アカデミーの入るかながわサイエンスパーク

逆に、技術が科学を進歩させることも、最新設備による宇宙線の観測で宇宙の神秘に迫る等枚挙にいとまがない。

このように「科学」と「技術」は相互に関わるが、きちっと分けて考えるべきこと、という教えだった。

■ **テニスの世界で**

難しい語り口になったが、テニスの世界ではどうか。科学的知見や技術の進歩で、テニスというスポーツも大きく変貌している。用具についていえば、ラケットの素材、デカラケ等により、かつてほど力を要さず、スピードとスピンが得られる。ストリングスも進化し、肘への負担等が軽減した。シューズの変化も著しい。

トレーニング方法も激変し、水分は常時大めに摂取し、筋トレ・動きのエクササイズ等体作りも科学化された。その中で科学の悪用が、テニス界でも騒ぎを起こしたドーピングだ。

本来の目的である科学の知見を上手に使うこと、技術の進歩でそのスポーツの本質が変化してしまうことは避けること、などを学んだと思う。

■ **総合的な作品として**

知人にオペラ歌手がいる。オペラは音楽の世界で、創作（作詞作曲）・歌唱・演技・演奏・舞台装置等がうまく機能して初めて成立する総合芸術だそうである。

テニスはどうか。「走・攻・守」「（野球でいえば）投・打」「知性と愚鈍なまでの鍛錬」の全ての要素を含む総合的なスポーツである気がする。

ただ「科学」「技術」が人間生活のためにあるように、テニスも「科学的効用」「技術の向上」を超えた「健康でいきいきした社会生活」をもたらすことになれば、とてもハッピーなことと思う。

第 3 章

健康・キレイを生む
「テニスの技術」

本章は技術論です。特に最新のプレースタイルを探求します。こうした技術の習得に欠かせない日常のエクササイズを紹介します。

さらに、本書の特色の一つである、テニスに近い他のスポーツの技術を探求することにより、テニスをより楽しみ、技術の向上にもつなげるためのチャレンジです。

§1 最新のプレーテクニック

どんなプレースタイルか

長生き・キレイを生むテニスライフとは? もちろん体作りのための運動や食事、心の健康も大事ですが、なんと言ってもそのプレースタイルが基本でしょう。そのプレースタイルとはどんなものでしょうか。

> 長生き・キレイのためには→
> 合理的なプレー、スイングが必要→
> 最新のフォームの「良いところ」を学ぶ

これが正解方程式です。合理的なプレースタイルは体に無理をさせず、長期間にわたってプレーを可能にするでしょう。

「最新のフォーム」は、長い歴史の中で、幾多の試行錯誤を経て、磨かれてきました。ただその中には、トッププロだけにしかできない技術もあるかもしれません。

われわれは(読者はアマチュアの上級者、中級者、その志のあるものを想定)こうした技術の中の「良いところ」を学べばいいわけです。「良いところ」とは、合理性があること、技術や用具の進歩を反映したものであること、トッププロだけでなく志のあるアマチュアにも吸収できること、等です。

そして次の結論にたどり着きました。

それは「カ」行で表現できるテニスです。

> **カ**ッコいい
> **キ**ホン(基本)＋α
> **ク**ール・**ク**レバー
> **ケ**ガしない
> **コ**ンパクト

本章での構成

本書では、こうした理念に立って、基本的なテクニックに限定して解説しました。

> ストローク(フォア、両手バック)
> サーブ、ボレー→これらの最新テク
> 関心高いプレーの、 コーチからひと言

最新とはここ10年くらいで定着しつつある技術です。これと対比する意味で《従来の打ち方》も記しました。読者自身の良き点検材料になればとの思いです。

さらに関心の高いプレーをコーチからの一言として、加えています。

スイング全体の流れ

 用具の進歩が、スイングスピードを上げ、スピンをかける打ち方を有利にしています。グリップは厚め、スタンスはオープン気味です。

 《トップスピン気味のボールは》ループ状にテイクバックし、フォワードスイングで体は横向きから前に回す、インパクトは垂直に近く、下→上にスピンをかけていく、フォローで面を伏せ気味にする（回内が利いた結果）が主流の打ち方です。

次ページ以下で、ポイントを確認して下さい。

【演技のモデル・森奈菜美】ソニー生命カップ第39回全国レディース大会全国決勝大会ベスト4（17年）、神奈川県テニス選手権大会女子ダブルス優勝（20年）、テニスコーチ（VIP・TOPグループ所属）

3

健康・キレイを生む「テニスの技術」

テイクバック

ラケットを上から回しながら引く

 肩（肘）を支点に、右肘からラケットをループさせながら引きます。この流れの中でラケットダウン（フォワードスイングに向け）していけば、勢いのあるボールが打てます。今のラケットは反発力も高く、フラットに強振すると、飛び過ぎる傾向にあります。

《従来の打ち方》

　ラケットヘッドから水平にテイクバックし、その軌道をトレースするようにフラットに振り出すスイングが多く見られました。ボールを正確にとらえやすく、それなりに合理的ですが、現代ラケットの優位性を使い切れていません。

ボディを横向きから前向きに

 横向きに構えた身体を前に回しながら打ちます。身体を回すことで、体幹を使ったスイングを可能にし、スイングが加速され（コマが速く回る原理）、よりパワーが出ます。インパクトは体より前です。

《従来の打ち方》

　横向きを長く保ちます。打点がずれにくく、ショットが安定し、面にボールが乗せやすいので、取られたスイングです。腰を回しにくいシニアには向いている打法です。

❶　❷　❸　❹

3

健康・キレイを生む「テニスの技術」

健
康
・
キ
レ
イ
を
生
む
「
テ
ニ
ス
の
技
術
」

3

ボディの前でワイパースイング

☑ 身体を回転させながら、肘を柔らかく使い、ワイパースイング（手の平で窓を拭くように）をして大きくスピンをかけます。前腕の捻りを意識するとスピンがよくかかり、コートインするボールになります。

《従来の打ち方》

　腕を固めて真っすぐ前に押し出す打ち方がありました。肘や手首など関節の動きを抑え安定性を狙ったのですが、現代の強いボールでは腕を固めることが肘への負担となって、故障等のリスクもあります。

①　②　③　④

インパクトは垂直に近く、フォローで面を伏せる

 トップスピンは、テイクバックでラケット面を「横壁」（外向き）に向けて引き、フォワードスイングで垂直に近い面でインパクトに向かい、フォローで伏せていきます。下→上、（回内を利かせ）右→左のスイングで、体の前でボールを厚く捉えます（モデルより、面を伏せていって構いません）。

《従来の打ち方》

フォワードスイングで早目に面を伏せがちでしたが、ネットミスやスピード不足になりがちで、ラケットの進歩を生かし切れない側面があります。

伸びるスライスと止まるスライス

健康・キレイを生む「テニスの技術」

 スライスは防御的に考えられがちですが、十分に攻撃にも使え、2種類のスライスを使い分けてください。

 伸びる(滑る)スライスは、基本的には、高い打点から、フラット気味にボールのやや下を厚くヒットし、フォローを長く、低めに目標を取ります。

 一方、止まるスライスは、低め(普通)の打点で、ボールの下を薄くヒットし、フォローを短く、ネットの高いところを目標にします。

 注意すべきは、伸びるスライスでラケット面をやや上向きにする人もいますが、厚い当たりが必要で、スイングもチョップショットのように上→下はNGです。

伸びるスライス

止まるスライス

テイクバック

ラケットを立て気味にし後方へ引く

 ラケットを立て気味にして後方に引くと、打点が高く、前に振りやすく、スイングスピードも上がります。ラケットを引いたのち、弧を描くようにヘッドを落としていきます。

《従来の打ち方》

スピンがかけやすいように、腰に巻き付けるようにテイクバックし、ラケット・フェイスを落として準備する打ち方がありましたが、引き過ぎたり、パワーが不足したりします。

3

両腕の五角形と左腕回内の振り上げ

 両肘に余裕を持たせ「五角形を保ち、左肩から左前腕（肘と手首）を全体的に捻り上げ（回内）、ラケットヘッドを起こしながら、少し前にヒットしていきます。

《従来の打ち方》

インパクトに向け、両腕（両肘）を伸ばして打つのが主流でしたが、スムーズさに欠け、スピンもよくかかりません。

スイング全体の流れ

☑ ストロークと同様、用具のアドバンテージ（よく飛びスピンのかかるラケット、ストリングス）を生かしましょう。

☑ テイクバックはコンパクトで、肘から引きます。トスアップのボールを見ることで、胸が開き（肩甲骨も寄り）肩関節の可動域が広がります。肘の高さは、フォームの安定からも重要です。

☑ インパクト～フォローに向けては、溜めたパワーを前への大きなスイングで、出していきます。この時、肩、肘、手首の脱力（3拍子でスイングする場合、脱力→入力→脱力になる）や体軸を中心とした体の捩り戻しを意識すると、パワーと安定のバランスが保てます。重心は移動しますが、軸はブレません。

| # トロフィーポーズ

横向きでターン小さめ、右肘高く

 トスアップ後トロフィーポーズをつくりますが、背中を見せるほどの捻りは要りません。トスアップのボールを見ることで、胸が開き（肩甲骨が寄り）肩関節の可動域が広がります。

 右肘の高さは意識します。そのままラケットダウンし、振り上げる際のパワーロスをなくします。

《従来の打ち方》

　背中を見せるくらい上体を捻ったり、肩のラインが右肩下がりで肘が下がったりしているプロもいましたが、安定性に欠け、身体への負担が大きくなります。

| **フォロースルー**

肘伸ばし大きなフォロースルー

 インパクト後肘を留めたり、肘先を畳んだりせず、肘を前に出し大きなフォローにします。インパクトまではコンパクトでしたが、フォローは開放してパワーにつなげます。左サイドはしっかりブロックしますが、肩を出していく意識を持つことも有効です。

《従来の打ち方》

インパクト後（スマッシュのように）肘先を畳んだり、肘や肩を支点にする（肘自体を前に出していかない）コンパクトなフォローがありましたが、手首・腕に衝撃が大きくリスクがあります。

❶ ❷ ❸ ❹

正面向きで当てるだけ、
グリップやや厚め

 ボールの速さやラケットの進化を受け、スイングも変わってきています。速いボールに対して身体は正面を向いたままラケット面でボールをとらえます。

 この時速いボールに負けないため、グリップはフォアハンドイースタンで握り、体の前でインパクトを迎えます。

《従来の打ち方》

　薄いコンチネンタルグリップで、体の横向きキープの打ち方が指導されましたが、早いボールや瞬時の対応に不向きです。

真っすぐ前方に踏み出す

 身体を正面向きにするため、踏み出す足も変わってきます。軸足はボールの後ろにセットしますが、踏み出す足は真っすぐ前方に動かします。（正面から見て）両足が適度に開かれ体とショットが安定し、速いボールにも対応できます。

《従来の打ち方》

　横向きのキープが長かったプレーヤーは、軸足と踏出す足が一直線に近くなり、次のショットへの対応も課題になります。

全体の流れ

コンパクトスイングで、左手は離す

 構え、テイクバックは、あまり横向きにならず、ラケットは立て、コンパクトに引きます。ラケットの反発を利用し、面・当たり重視です。インパクトに向け、左手は離し、逃がす感覚です。モデルでは、ボールが低く、近いため少し窮屈そうですが、通常ラケットは立てます。

《従来の打ち方》

右肩を入れて体の横で捉える打ち方が多用されました。インパクトに向けて、足を踏み込み、左手を後ろに引いてボールにパワーを与える打ち方です。

✅ ヘッドからラケットが出ると、特にボレーは相手との距離がなく、ボールも速いので、弾かれたり、面が変わりミスショットが多くなりがちです。グリップエンドから出していけば、面も変わらず、安定感が出ます。小さな動きでボールを強く押せます。

✅ スイングで両手を対照的に動かすことも大事です。フォアでは広げた両腕を閉じるようにし、バックでは両腕を外側に広げていきます。

✅ 構えではラケットと体の間に少し空間をつくります。脇を少し空け、前腕とラケットの角度を保てば、スムーズで力強いショットになります。

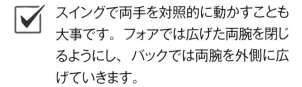

ドロップショット

☑ ハードヒットできる状況で打つと効果的で、相手を下がらせて、ネット近くにボールを落とします。プロも多用し、錦織が得意です。ボールの組み立てが大事です。

☑ 肩を入れた十分な体勢から使うと意外性があり効果的です。

☑ ラケットをボールの下に潜り込ませますが、手首は緩まず、手首とラケットの角度はしっかりキープします。

☑ 次のチョップショットと共通点も多く、そのボールの短いバージョンと考えると易しくなるでしょう。

チョップ・スライス

☑ ボールに強いスライスをかけ、それほど速くないボールで時間を稼ぎ、自分の体勢を立て直すショットで、最近、錦織をはじめ、プロも多用するショットです。以前はこうした状況で、中ロブで逃げたのですが、スライスの方が攻撃されにくく、体力の消耗も少ないメリットがあります。

☑ 打ち方としては①ラケットを高くセットする ②オープンスタンスで体の前に空間をつくる ③ラケットヘッドの重みで(力まずに)ボールをカットし、アンダースピンをかける ④長いフォロースルーでボールを押し出す―などに留意します。比較的習得が易しく、ペース変換に織り交ぜると有効なショットです。

3

健康・キレイを生む「テニスの技術」

ライジング・リターン

 浅いサーブや高く弾んでくるボールに対し、早い
タイミングでボールを打ち返すことは、相手にプ
レッシャーを与え、大変有効な攻撃になります。

 留意すべきことは、**①ラケットを高くセットする
②テイクバックは体を捻るだけでコンパクトにす
る ③体を開かず、体の前、高い打点でボール
を捉える ④踏み込むとしても、体の軸はしっか
りキープする ⑤フォロースルーは高めになる**─
等です。

有効で見栄えのする（相手に打撃を与える）テクなので、
ぜひ習得してください。

※§1の写真撮影：ティップネス鴨居コート（横浜市都筑区）

§2 | エクササイズ

§1で最新のプレースタイルを見ました。こうした技術を可能にする体作り、その体作りを支えるエクササイズがテーマです。

エクササイズは様々にありますが、ここでは「ストレッチ」に絞って、テニスに効果的な運動を紹介します。

スイングで留意する基本

鋭いスイングにはパワーが不可欠です。パワーには速さと重さが必要で、重さを出す主役は体幹です。体幹とは首から下、股関節から上の部分で、ここに大きな筋肉があり、パワーの源になります。

体幹を有効に使うには、足から始まり、腰・肩を通り、肘・手首・インパクトという運動連鎖が大切です。

この運動連鎖の中で、捻った上体を股関節を意識しながら「捻り戻し」ます（体の回転）。この時、体の「軸」がブレないように留意します。

意識するポイントは、次の3点です。

> ### 体幹・回転・軸

留意する重要なパーツ

§1で見たような最新のショットを自分のものにするには、「体幹・回転・軸」を意識できる体作りが必要です。特に最新のショットは《従来の打ち方》で見てきたような後→前への並行的な体重移動より、体の「縦の軸」を意識した回転運動が重視されているので、なおさらです。

この「体幹・回転・軸」を磨く体のパーツは、主として次の部位の強化です。

> 体幹、肩甲骨・肩関節、下肢、股関節・お尻

次に各部位の強化に適したエクササイズ（ストレッチ）を紹介していきます。

なでしこ清水梨紗応援メッセージ

同じ地元で行動する者として、エクササイズのモデルの話があり、お役に立ちたいと思っていました。でも新型コロナの影響で、撮影ができませんでした。サッカーもテニスも、体作りの重要さは同じだと思います。皆さんも梨紗と一緒に、体作りしましょう!

[清水梨紗選手] なでしこ日本代表の中心選手（2019年W杯代表）。ポジションはディフェンダー。日テレベレーザ2020年キャプテン。

体　幹

飛行機 ｜ 背面の筋肉に働きかけ、リンパの流れにも良い。

うつ伏せになり、両手両足をできるだけ伸ばし万歳の姿勢で7秒キープ。これを5回程度。

全身筋肉 ｜ 体の全ての筋肉に働きかけ。

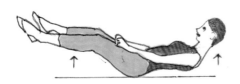

仰向けになり、手は太ももの上、頭と足を床から20センチくらい上げ、7秒キープ。これを5回程度。

ツイストボード

■自由に回るボードの上で上体と膝を捻る。腕と膝を反対方向に捻ると、ツイスト効果。

■1セット100回捻り程度で数セット。

肩甲骨・胸郭・肩関節

肩甲骨ほぐし・ぜい肉取り │ 肩甲骨をほぐし、背中のぜい肉を追放する。

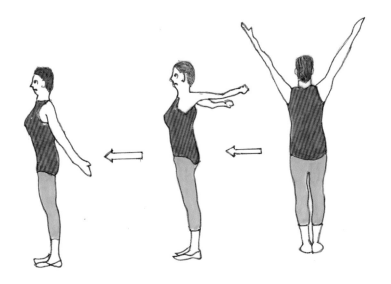

①肘伸ばし、手の甲外側向け、V字に両手を開く。
②手の平上に、両腕肩まで下げ、腕を斜め後ろに下げ。
③肩甲骨を寄せ、息を吐きながら胸を開く。

①→③まで一連で10回程度。

肩甲骨開閉（ポール使用） │ 肩甲骨が柔軟になれば、サーブで胸を張る動き、ストロークでスイング幅の広がり等に寄与。

■頭からお尻までポールに乗り、両腕を上に伸ばしたまま、肩甲骨の開閉を繰り返す。

■10-20回。

腕伸ばし・前腕捻り（ポール使用） │ サーブやストロークの腕の動きの基本。

■肩甲骨開閉を生かし、左右の腕を交互に伸ばす。伸ばした方の前腕は回内（親指を手の平側に）、曲げている方の前腕は回外（親指を手の甲側に）に捻る。

■これを交互に5回ずつ。

59

肩甲骨・胸郭・肩関節

胸の可動域広げ①

■いすに深く腰かけ、両手を頭の後ろ。上体を起こしたまま右を向き、その後上体を右に倒す。

■これを5回繰り返す。次に左向きで同じ動作。

胸の可動域広げ②

①四つん這いで右手頭の後ろ、背中丸め左脇の下に右肘を入れる。

②背中を反りながら右側に大きく捻り、肘が天井を向く。

■これを5-10回、反対側も。

胸の可動域広げ③

①左肩を下にして床に横たわり、右脚曲げ、膝が床に着く。

②合わせた両手から右手を開く。膝は床に着いたまま。

■これを10回、反対側も。

ペットボトル素振り

■肩関節と前腕の動きをペットボトルを使いマスター（上側を持つ）。

■ペットボトルの底が、下→斜め上→斜め下に動く。

■肩関節は、外旋→内旋、前腕は、回外→回内（内側に捻る）。

下　肢

ストレッチ

■準備運動を兼ねて、フットワークを軽快にする一連の下肢のストレッチを行う。

■各30秒〜1分。
・脚の裏側
・大腿四頭筋
・股関節
・足首
・アキレス腱
・腓腹筋（この部位を「ふくらはぎ」という）

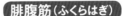

もも裏ストレッチ

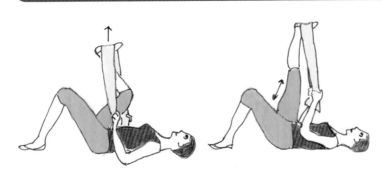

■仰向けに寝て、左膝を軽く曲げ、長めのタオルをかけた右膝を伸ばし5秒静止。
■5回繰り返す。左脚も同様。
■脚を顔方向に引き寄せると効果的。

下　肢

上体ツイスト ｜ ふくらはぎやウエストのくびれに効く。

■脚を前後に開き、腕を左右に開いて思い切り上体を捻る。両腕は脚と平行になるまで回す。顔も回す（真後ろが見えるくらい）。後ろ脚ふくらはぎに意識注ぎ、7秒キープ。

■5回捻転繰り返す。左捻り終了後右捻り。

ハムストリング伸ばし ｜ 太もも裏側の筋肉（ハムストリング）や、腹のぜい肉取りに効く。

■前屈し、お尻を突き出す感じにする。お尻を左右にゆっくり4～5回揺らし（1動作）、太もも裏側の筋肉を伸ばす。

■この動作を5回くらい。

股関節・お尻

股関節回し | 股関節の柔軟に効く。

■仰向けに寝て、腰に丸めたタオルを入れ、左脚伸ばし、右脚上げて曲げる。股関節からゆっくり外側に回し、次に内側に回す。

■10回ずつ、左脚も同様。

大殿筋

■床に四つん這い、左膝を伸ばす。お尻の筋肉を意識し、足を伸ばしたまま、できるだけ高く上げる。腹筋に入力し、腰が反らないように。

■10回ずつ、左右行う。

下肢捻り

■床に四つん這い、左膝を伸ばす。左のお尻の上部を意識し、脚を上げながら左脚を右脚にクロス。腹筋に入力し、腰が反らないように。

■10回ずつ、左右行う。

股関節・お尻

内ももストレッチ

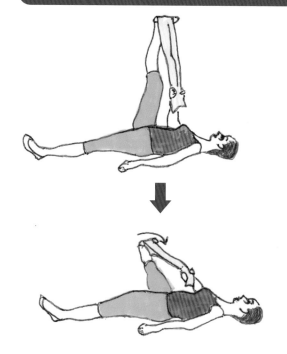

■仰向けに寝て、右脚にタオルをかけ、右脚を高く上げる。脚を伸ばしたら右側に開けるところまで開き、5秒静止。
■これを5回繰り返す。次に左脚同様。

■脚を十分伸ばし、開くことに留意。

臀部・もも裏ストレッチ

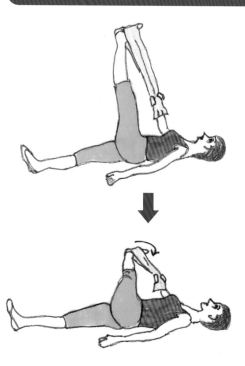

■仰向けに寝て、左脚にタオルをかけ、左脚を伸ばしたまま右脚にクロスして倒す。倒したところで5秒静止。
■5回繰り返す。右脚も同様。
■お尻の筋肉のストレッチを意識する。

■脚を十分伸ばし、反対脚とのクロスに留意。

§3 | ほかのスポーツとの相互交流

かつてスイスの女子名プレーヤー、マルチナ・ヒンギスは、乗馬やサッカーが好きだったようです。このほか、テニスプレーヤーには、他のスポーツが好きな選手はたくさんおり、「テニス選手になっていなければサッカー選手になっていた」と公言する男子プロもいます。

こうしたスーパースターに共通するのは、運動神経や体力に優れマルチな——それでマルチナ・ヒンギスというわけでもないでしょうが——スポーツをこなせる能力を持っている点です。

でも、ご安心願います。ここでわれわれが学びたいのは、こうしたマルチな能力でなく、普通の能力で十分です。

テニス愛好者ならおそらく理解できるでしょうが、他のスポーツとの共通性やそのスポーツを研究することで、テニスの能力を高める試みのことです。テニスだけに没頭せず、他のスポーツを知り、プレーすることが、実はテニスに必要な体力・知力・技術力の向上につながることを、多くの識者が指摘しています。

①野球
〔ピッチング〕

野球とはピッチング、バッティングの両面で共通性がありますが、まずテニスのサーブの所作と恐ろしいほど共通性のあるピッチングについて研究し、学びます。女子の場合、投球動作の実体験や、ましてプレー経験者は少ないと思われますが、分解写真や動画等の観察で補うこととし、男子・女子とも是非学びたい運動動作です。

投球動作は、構え—テイクバック—フォワードスロー—フォロースルーとの一連の動きになりますが、それぞれの動作の中に留意ポイントがあります。

構えと全体を通じて

● 軸を一本通したように、体(体幹)を真っすぐに保ちます。
● バッターは球種やコースを予測しますが、投手はそれに対しボールの出どころを隠したり、タイミングを変え、球種やコースを読みにくくしたりします。

テイクバック

● 腕をしならせますが、肘を上げてしなりを生みます。同時に上半身と下半身に捻れをつくります。
● 胸を張ります。この時、左右の肩甲骨を寄せるとともに、胸椎を使います。肩関節を回すだけでは怪我のリスクがあります。また骨盤は立っています。
● ためをつくります。全体的に体は沈み込み、低い姿勢を保ちます。

大谷の投球フォーム

メジャーきっての速球派・カーショウ

フォワードスローからフォロースルーへ

●肩の回転が先行しますが、投球の開始ではまだ肩を後ろに残します。足は踏み出しても肩は開きません。

●ボールを握った指先をしならせて、ボールを離します。いわゆる手首・指先のコック（手の甲の方への曲げ）からアンコック（手首を伸ばす）の状態にします。

●スピードだけでなく、打たれにくいボールにするためにはボールの回転も重要です。速球にはバックスピンがかかります。

ピッチングのための体の強化策

こうした一連の動作を強化するため、ピッチャーは次のようなエクササイズを心がけています。

●体の軸を真っすぐ保つランニング

●レッグランジで臀筋強化

●うちわ扇ぎでインナーマッスル強化

●スナップスローで肘や手首の柔軟性向上

こうしたピッチングの急所は、驚くほどサーブと共通しています。サーブを速くしたければ、速球派投手（大リーグのカーショウ投手など）の投球フォームを、回転を増やしたいなら技巧派投手（大リーグ→元巨人の上原浩治投手）の投球フォームを目に焼き付け、自ら実地に試してみましょう。女性も男性も新しいヒントが得られること請け合いです。

〔バッティング〕

野球のバッティングは、テニスのサーブ、ストロークの打ち方と共通点があり、学ぶべきところがあります。バッティングは最初からテイクバックしているので、打ち出し（フォワードスイング）の部分に限定し、学ぶべき二つの事例を挙げます。

[事例1]大阪桐蔭高校は最近、甲子園の常連で、中村剛也（西武）、中田翔（日ハム）、浅村栄斗（楽天）、森友哉（西武）等のホームランバッターを輩出してい

ます。

そこには西谷浩一監督の徹底した指導があります。森は「しっかり振って遠くに飛ばすように言われてきた」と述懐しています。監督に言わせると、「高校野球は木製バットではなく打ちやすい金属バットであるが、内側からバットを出し、しならせるイメージ。（プロなど）上のレベルでも野球を続けてほしいので、（当てにいく）金属バットの打ち方はさせない」と言っています。

テニスのサーブの場合、距離を出すことばかりが能ではありませんが、こうした打法は、サーブでもストロークでも強いボールを打つ場合に大いに参考になるでしょう。

[事例２]プロ野球の内川聖一（ヤクルト）は、本来ホームランバッターと言うよりシュアなバッターであり、外野への飛球もライナー性で鋭く伸びるので、長打も多い選手です。彼が心がけているのは、（ラケットに比し）あの細いバットにもかかわらず「インパクトの時ボールにスピン（この場合順回転）をかけて打つ」ことと言います。

一瞬の間にピンポイントでスピンをかけるイメージを持っているのです。テニスプレーヤーは、はるかに大きなラケットで打てる有利な立場です。サーブでもストロークでも真似をしたいイメージですね。

②ゴルフ

ゴルフのスイングもテニスとかなり共通点が多く、学べるところがあり、両方をプレーすることで、相乗効果が期待できます。ただ、次のように異なるところもあるので、そこを踏まえて応用します。

●ゴルフはインパクトに向けダウンスイングの回転運動です。テニスは、ストロークは（体軸から見て）横回転であり、サーブはインパクトに向けアッパースイングの回転運動です。向きは異なりますがスイングの共通点が多くあります。

●ゴルフは距離を出すドライバーショットと、正確性がより必要なアイアンショットで、ボールを置く位置、スイング中の打点が異なります。テニスはボールを遠くへ飛ばせば良いスポーツではないので、アイアンショットの方が共通点が多くなります。

●ゴルフの打点は肩幅の中にほぼ収まりますが、テニスの打点は基本的に体より前です。

こうした違いを踏まえて、ゴルフスイングのポイントを、テニスに役立てる視点から、研究、検討していきましょう。

構えと全体を通じて

●体幹軸スイングを基本とします。スイングを通じ、頭をほとんど動かしません。ダウンスイングでも上体を突っ込まず、頭を残します。

●胸を張って構えます。猫背はノーグッドです。

●上半身と下半身の捻転差（上体をより捻る）が、体幹のパワーを生みます。

●スイング全体を通じ、下半身に入力し、上半身の力みを消します。

テイクバック

●スタートでクラブを引く時、すぐに上に引き込まず、真っすぐ低く引きます。両腕でできる三角形をキープしたまま、左肩（右利きの場合）で押し回すようにバックします。

●テイクバックのトップで、両手のコック（手首の甲側への曲げ）を意識します。このコックが小柄なプレーヤーでもアンコック（コックをほどく）時にパワーを生むことになります。

ダウンスイングからフォロースルー

●ヘッドからでなく、グリップエンドから下ろします。ヘッドを残し、シャフトのしなりを感じます。

●ダウンブローに打ちます。スイングの最下点の直前でインパクトを迎えます。スイングの頂点はインパクトの直後になります。テニスの場合、スイングの頂点の直前にボールを（アッパーブローで）捉えるということで、ここは重要です。

●右利きのプレーヤーは、右足から左足へ体重移動します。ダウンスイングで右足で蹴り、左のお尻から踏み込みます。左脚の付け根（股関節）に

乗っていきます。そして腰中心に体をターンさせます。この際、体が開いてターゲットに向くのをできる限り我慢します。

●インパクトでは体の左サイドが中心になって体をスムーズに回転させます。インパクトゾーンでは、コックした手首をほどき（アンコック）、手の位置（ボールより前のハンドファースト）は止まってヘッドの走りを意識します。

以上のスイングの流れを見ると、ボールを頭上で捉えるか（テニスのサーブ）、足元で捉えるか（ゴルフ）の違いはありますが、驚くほど共通点や応用できるテクニックが多いと感じませんでしたか？

次にテニスに役立つゴルフの体の強化法に触れます。

体の強化策

●（ウッドクラブの）ヘッド・フェイスを壁に押し当てて、シャフトをしならせるイメージを感じる。

●素振りでタイヤを叩く、素手でサンドバッグを叩く（女子ゴルファーのイ・ボミの強化法）等により、インパクトで強く当たるイメージをつかむ。

●捻転力アップのため、いすに座り、クラブを背中に回し、両肘辺りで背中に支えながら水平に担ぎ、上体を左右に捻る。

体軸の安定した渋野

テニスでも体軸が大事（筆者撮影）

やはり体軸安定イ・ボミ

③その他のスポーツ

　テニスのスイングとテニス技術の向上に役立つとともに、マルチな楽しみを広げるスポーツはまだまだ多いですが、2、3代表的なものに触れておきましょう。

　皆さん、それぞれのスポーツを楽しみながら、テニスと関連付けるのも、思わぬヒントを拾うことになりますよ。

（1）バスケットボールのシュート

　フリースロー時の手首の動きは、テニスのサーブと似通っています。コックした（手の甲側に曲げた）手首をほどきつつ、上に向かって振り上げます（ヒットアップ）。投げ終わった後、手

首を「ダラっと」脱力させます。コックからアンコックまで、手首の可動域を最大に使いつつ、上に投げる意識が重要です。

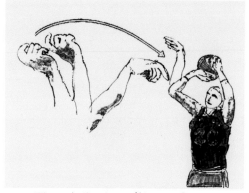

アンコックでヒットアップ（上に振上げ）が大事

（2）投てき、特にやり投げ

　①リストをコックし、そのコックをほどきながら「上に向かって」投げること　②テニスのサーブでは走らないものの体重移動が重要ですが、それをやり投げは助走で行っていること　③リリースで体を正面に向け、体を残しつつマックスパワーを出すこと—等フォームの研究は、サーブの向上に楽しい素材といえるでしょう。

コックとリリースが学べます

（3）スキーの回転

　スキーの回転技術は年々進歩し、皆さんが滑る基本となる教本も変化を遂げています。ただ、スキー板の「外足」「内足」への荷重チェンジや、「山足主導」「谷足主導」といったスキー板への体重移動は、回転に不可欠の要素で、愛好者の皆さんは、いろいろなタイミングでのスキー板への体重移動を自分なりにモノにしていると思います。

　テニスのサーブでは、後足から前足への体重移動とその推進力を体の回転に変える意識は、ボールの威力を一層高めることになります。スキーで学んだ体重移動を意識として持ちながらサーブを行うと、傍で見ているだけの他人には分からないコツを習得していることになります。

　スキーもテニスも得意というスポーツマンは結構多いですが、案外こうしたコツも一因かもしれませんね。

体重移動を足で感じます

データ① 最新日本ランキング（一般）2020年10月

見たことがある選手、知っている選手がいると、うれしいものです。

	男　子			女　子	
1位	錦織 圭	日清食品	1位	日比野 菜緒	ブラス
2	西岡 良仁	ミキハウス	2	土居 美咲	ミキハウス
3	杉田 祐一	三菱電機	3	奈良 くるみ	安藤証券
4	内山 靖崇	積水化学工業	4	日比 万葉	グラムスリー
5	ダニエル 太郎	エイブル	5	内藤 祐希	亀田製菓
6	添田 豪	GODAI	6	村松 千裕	グラムスリー
7	伊藤 竜馬	北日本物産	7	岡村 恭香	橋本総業
8	綿貫 陽介	日清食品	8	大前 綾希子	島津製作所
9	守屋 宏紀	北日本物産	9	清水 綾乃	Club MASA
10	清水 悠太	三菱電機	10	本玉 真唯	島津製作所
11	野口 莉央	明治安田生命	11	加治 遥	島津製作所
12	関口 周一	Team REC	12	尾﨑 里紗	江崎グリコ
13	今井 慎太郎	イカイ	13	小堀 桃子	橋本総業
14	内田 海智	富士薬品	14	林 恵里奈	福井県スポーツ協会
15	高橋 悠介	三菱電機	15	波形 純理	伊予銀行
16	島袋 将	有沢製作所	16	宮崎 百合子	メディロム
17	越智 真	江崎グリコ	17	秋田 史帆	橋本総業
18	徳田 廉大	イカイ	18	華谷 和生	三浦工業
19	山﨑 純平	日清紡	19	桑田 寛子	島津製作所
20	望月 勇希	エキスパート	20	穂積 絵莉	日本住宅ローン
21	田沼 諒太	橋本総業	21	牛島 里咲	マサスポーツシステム
22	小ノ澤 新	イカイ	22	荒川 晴菜	アオヤマスポーツ
23	竹島 駿朗	Team REC	23	今西 美晴	アートフロンティア
24	川橋 勇太	あきやま病院	24	瀬間 詠里花	橋本総業
25	斉藤 貴史	橋本総業	25	小関 みちか	橋本総業
26	市川 泰誠	ノア・インドア	26	内島 萌夏	プロ・フリー
27	竹内 研人	橋本総業	27	柴原 瑛菜	橋本総業
28	仁木 拓人	三菱電機	28	鮎川 真奈	エームサービス
29	中川 直樹	橋本総業	29	山口 芽生	橋本総業
30	田島 尚輝	やまやコミュニ	30	井上 雅	テニスラウンジ
31	松井 俊英		31	本藤 咲良	マサスポーツシステム
32	片山 翔	伊予銀行	32	森崎 可南子	橋本総業
33	羽澤 慎治	慶應義塾大学	33	松田 美咲	亜細亜大学
34	白石 光	早稲田大学	34	佐藤 南帆	慶應義塾大学

華やかな東レPPO大会

■伝統と華やかさ

　筆者は、この大会が大好きで、30年近く通い詰めている。入場料が結構高い大会で、知人の伝手や新聞社の募集（抽選で無料）など手練手管を用い、なんとかずっと皆勤賞（毎年行くという意味の）だ。これを読んだ関係者に表彰してほしいくらいのファンである。

　1984年以来開催されており、日本で開かれる大会としては男女を通じ最高レベル（かつては四大大会に次ぐとされた）で、これを開催し続けた東レには、筆者は敬意を表している。

　会場は、かなり以前は千駄ヶ谷の東京体育館だったが、その後、有明に移り、2019年だけ立川立飛で開催された。

　世界一流の女子選手が集うので人気が高く、東京体育館で開催されていた頃、決勝戦に近い日はダフ屋が出て、取り締まりもあった。筆者もチケットを売ってくれないかと声をかけられた。今では考えられない活況ぶりである。

■大会を飾った有名プレーヤー

　その時々の世界のトップクラスが出場し、思い出に残る選手が多い。

[マニュエラ・マレーバ]

　ブルガリアの選手で、姉妹でプレーしていたお姉さんの方である。哀愁に満ちた顔が印象的な美人で、日本のファンに愛された。この大会の第1回の優勝者で、確実なグランドストロークが持ち味だった。

[ガブリエラ・サバティーニ]

　アルゼンチンの選手で、エキゾティックな美貌の持ち主である。昔の女優のソフィア・ローレンを彷彿とさせる。大柄で、すぐそばで見たが、大股で闊歩するので、思わずのけぞりそうになるぐらい迫力があった。人気と世界トップの実力を兼ね備えていた。

[マルチナ・ナブラチロワ]

　レジェンド中のレジェンドである。レフティで技術は群を抜いていた。28年間という長い選手生活で、獲得タイトル167は歴代1位であり、総合的には史上最高のプレーヤーだったかもしれない。プレーとは全く関係ないが、同性愛者だったとも聞いている。

[マルチナ・ヒンギス]

　スイスの選手である。小さい頃から天才少女と目され、乗馬等も愛好し多趣味である。幅広い運動がテニスにも役立つ好サンプルでなかろうか。絶妙のコントロールと巧みな試合運びのできるクレバーな選手だ。

　一度ドーピング騒動があり、さっと引退したが、ダブルスで復活した。復帰後、本大会に出場したが、その折、筆者は彼女の通る通路を予測し、二言三言会話を交わし、見事にキャップにサインをもらったのはいい思い出だ。

[シュテフィ・グラフ]

　彼女もまた、レジェンドである。1988年に同一年度にグランドスラムをすべて制覇する快挙を成し遂げた。伊達とは名勝負を繰り広げている。バックハンドの伸びるスライスに特色があり、その切れ味は抜群であった。

[マリア・シャラポワ]

　ロシアの妖精とも呼ばれ、容姿と実力がマッチしたプレーヤーだ。CMや、自分でプロデュースした商品などテニスプレーヤーが大金持ちになる商売であることも実証した。

　プレー中、美声とは言えないうなり声を発したり、生真面目にトレーニングしたりするなど、外見と裏腹な側面を見せるのも興味深い。ドーピングで1年休んだのが響き、復帰後ぱっとせず引退に至った。

[アグニエシュカ・ラドワンスカ]

　ポーランドの選手である。相当なキャリアを有するが、地味に映るせいか、人気もいまひとつの感がある。低い姿勢で打つストロークの強打に特色がある。

　本大会でのこと、筆者はスポンサーの厚意でゲストルームにいたところ、優勝者として挨拶回りに来てくれ、サイン入りキャップを頂戴した。よく、優勝者がウイニングスピーチでスポンサーに謝辞を述べるが、外国のプレーヤーがスポンサーを大事にする一面を垣間見ることができた。

データ②　最新世界ランキング　2020年10月

男　子			女　子		
1位	ジョコビッチ	セルビア	1位	バーティ	オーストラリア
2	ナダル	スペイン	2	ハレプ	ルーマニア
3	ティエム	オーストリア	3	大坂なおみ	日本
4	フェデラー	スイス	4	ケニン	アメリカ
5	メドベージェフ	ロシア	5	スビトリナ	ウクライナ
6	チチパス	ギリシャ	6	Ka. プリスコバ	チェコ

第 4 章

健康・キレイを生む

「テニスの衣・食」

　生活の基本要素である「衣・食・住」のうち、テニスライフと「衣・食」の関わりを考えます。ここで述べる点に留意して生活し、プレーすれば、健康的な体作りだけでなく心もリフレッシュし、長生きライフも保証されるでしょう。

　食事はもちろん大事ですが、体内の毒素を排出し「キレイな体」作りを目指すため、「お茶」も大変重要で、本書は特にセクションを設けました。

　一緒にトライ（実践）していきましょう!

§1｜衣（ファッション）

重要性

　「食」に対比し、「衣」と表現しましたが、テニスで身に着けるウエアやグッズについて視覚的観点を中心に見ていきます。

　テニスの楽しさ・難しさは、フィジカルな面と同様に、メンタルにも大きく左右されるのは、皆さん、体験済みでしょう。

　メンタルもプレーに臨んでの作戦や戦術も重要ですが、プレー以前のウエアやグッズの影響も無視できません。

　ウエアに関して言えば、フィジカルを助けるウエアの形状・デザイン、素材等の機能面と同等に、メンタルを助けるデザイン・カラー等が大変重要な要素になります。

カラーの重要性

　ウエアのみならず、身の回りのカラーは、自由に選べるもの・そうではないものを問わず、大きく生活に影響しています。

　カラーの選択は、医学・生理学的にも、長い間研究されており、カラーセラピーという分野もあります。これは色の波長を利用し、心身のバランスを整えて健康を取り戻そうというもので、ストレスによる不眠・不安・呼吸器系疾患のほか、うつのような心身の不調の改善が狙いです。

　このようにマイナスをゼロに戻す研究のほか、カラーで積極的にプラスを生み出す研究もされています。

　研究によれば「赤」は心拍・呼吸・血圧を高め、生殖機能を活発化する。「黄」はうつの改善や記憶力に影響する。「緑」は鎮静効果や神経のバラン

スを整える。「**青**」は高度の緊張を和らげる、等です。

カラーの特性を生かし、自分好みのカラーを持つことは、スポーツを楽しむ上で、結構重要なことです。（スポーツの舞台ではありませんが）重要な局面で「赤を勝負服にする」と言っていた有名な女性政治家もおられました。

自分にとって気に入ったカラーを選ぶことは、モチベーションを上げるため重要です。加えて、柔道着が白色と青色になったり、卓球のテーブルが青、ボールが黄色になったりすることは、観客も含め、試合を分かりやすくすることにも役立っています。

ウエアの素材

テニスウエアの素材は、楽しく、長時間、激しくプレーをする目的にとって、極めて重要な要素です。

かなり以前は、肌触りがいい、吸水性・吸湿性が高い等の理由で天然繊維の綿が重用されましたが、速乾性に欠け、人気が落ちました。

現在では圧倒的にポリエステルが人気です。乾きやすい、熱に強い、摩耗しづらい、しわになりにくい、軽い等、スポーツウエアに求められる要素が多くあります。ただ、天然繊維にも利点がありますので、時期・用途（アウターか否か）により、ポリエステルと天然繊維の混紡も工夫されています。

カラーコーディネート

ウエア、キャップ等の装着グッズ、シューズ、ラケットケース、スポーツバッグに工夫を凝らすことは、効用がある程度、医学的にも解明されており、何よりモチベーションを上げ、スポーツの楽しさを高める有効な対処の仕方です。

ウエアやグッズにカラーコーディネートを図ることは、手近で簡単にできる手法で、近年ではメーカーも同じ機能で色違いのものをラインアップすることに熱心です。

フィジカルだけでなくメンタルを含め、心からスポーツを楽しむ、そのためにファッションにも気配りする姿勢は、性別・年齢を問わず「長生き・キレイ」と決して無縁ではありません。もちろん程度問題はありますが、テニスを愛する皆さんなら、十分わきまえておられるでしょう。

《イメージ》花にも負けず

プレーヤーも観客もおしゃれです（筆者撮影）

機能的でおしゃれに（GAHAG 提供）

（Public Domain Pictures 提供）

アウターもカラフル

キャップもコーディネートの一部

フード付きアウターも

四大大会記念ポロも一選手の気分

カラフルなシューズ

バッグも合わせて

機能的でカラフルなラケットバッグ

おしゃれがストレス解放、健康増進の起爆剤

（P78、79筆者撮影）

ウィンブルドン小話

■ウィンブルドン博物館

　ロンドンのウィンブルドンはテニスの聖地である。ロンドン中心部から地下鉄で気軽に行くことができる。ロンドンの郊外に位置し、緑豊かで広大な公園やゴルフ場、瀟洒な住宅がたたずんでいる。

　日本のテニス発祥地、横浜・山手に小さな博物館があるが、ここにもセンターコートに付随して、小さな博物館がある。大会開催中でなかったが、筆者がかつてウィンブルドンを訪れた時、博物館に立ち寄った。

　昔のラケットや女子のロングスカートの服装等の展示が目を引いた。モニター画面にクイズ（英文）があって、テニスの歴史等がクエスチョンになっている。何問か正解を続けると扉が開き、なんと本物のセンターコートへの通路が眼前に広がる。筆者も興味半分でトライした。現在どうなっているのか不明だが、楽しい仕掛けだった。

■伝統的なしばり

　テニスやゴルフなど、英国は伝統にうるさい国である。ただ、テニスボールの色は、見えやすいという観点から相当以前に黄色も可能になった。

　ウィンブルドン大会のウエアは白基調であるが、この辺の改革がなされファッショナブルでカラフルなウエアが許可されないだろうか。これはテニスがストレスフリーの健康や美に向かう大きな一里塚になると思われる。

　そんなお題目を持ち出さなくても、似たような体格・風貌の選手が対戦していると、どっちがどっちか分からないことがよくある。

　昨今のプロ野球のユニフォームは、大変カラフルで、見た目も楽しい—ちょっと行き過ぎの球団もあるようだが…。

　筆者としては、本書のテーマを貫徹するためにも、大会関係者の科学的・芸術的知見に立った大英断を望みたい。

白基調のウエア

1 アスリートの食事

　食事はアスリートであろうと、一般人であろうと、炭水化物・タンパク質・脂質・ビタミン・ミネラルの5大栄養素をバランス良く摂取することに尽きます。特に健康維持・体調維持が必要なアスリートは、この「バランス良く」という点が重要です。

　5大栄養素の効能や含まれている食品を細かく述べることは、本稿の目的ではありません。皆さん基礎的知識はお持ちでしょうし、類書をひもとけばたくさんの解説があります。

　私(山崎三千代・このセクション執筆)が皆さんに伝えたいのは、これらの事柄のポイントや、私が地域で実践し、これはイケると感じている事柄に絞ります。

　アスリートは、体調の維持、高いエネルギー消費への対応以外に、特に若い人にとっては骨格・筋肉の形成の体作りが重要で、年齢に応じた食生活の工夫が必要です。

　「**テニス愛好者**」について考えてみましょう。テニスは、前後左右に素早い動き、瞬発力が必要です。同時に長いラリー・試合では、持続力が求められます。こうしたプレーに伴い、体のリスクとして軽度のものはけいれんや足のつり、中重度では、ねんざや肉離れのリスクが高いと言えます。また一定の重量のラケット(250〜300グラム超)を振るため、腕・肘・手首を傷めるリスクがあります。こうした特性に対応し、体作りのタンパク質や、腱や靱帯の炎症などを抑えるビタミンCの補給を考えた食事が必要です。

　女性アスリートの場合はどうでしょうか。特に貧血の予防、カルシウム不足への対応を配慮する必要があります。

　具体的なメニューは、貧血予防として、レバー、木綿豆腐、ほうれん草等が有効で、カルシウムの豊富な食事は、牛乳・乳製品、骨ごと食べられる小魚、厚揚げ、小松菜等がお薦めです。

　少し具体的なところに踏み込みましたが、私が食生活で**基本的な共通事項**と考えているのは、次の3項目です。

❶春夏秋冬を通じ 「旬」の食材を選ぶこと

　旬の食材は、新鮮で、栄養価も高く、安価です。

❷地産地消を重視すること

　その土地で取れた食材は、長い歴史を経過して残り、改良されたものが多く、風土に適していると考えられます。生産地に近いところで消費すれば、新鮮で廉価です。

❸野菜の効能に着目すること

　野菜はビタミン・ミネラルが豊富で、主栄養素の効能を引き出し助けると同時に、それ自体で味覚、色彩等の視覚、触覚を楽しませ、食生活の重要なアクセントになります。

4

健康・キレイを生む「テニスの衣・食」

81

②食事のタイミング

トレーニング（練習）をいつ行うかによって、食事のタイミングを考える必要があります。留意することは、2点です。

● 空腹でトレーニングしない。

● トレーニング終了後、傷付いた筋肉を速やかに補修する。

従って筋トレ等を含めトレーニングの少なくとも1～2時間前に炭水化物等のエネルギー源を摂取します。筋肉損傷が予想される激しいものである場合は、タンパク質も含め栄養素をしっかり取ることが必要です。

トレーニング終了後は、理想的には1時間を目安に、傷ついた筋肉にタンパク質を補給することが望まれます。取りあえずの補給と本格的食事を分けて考えてもよいと思います。

激しいトレーニング後（前はもちろん）、水分補給は不可欠ですが、とかくアマチュアにありがちな「まずビール」は、血糖値の上昇、筋肉の損傷部分への刺激等の観点から感心できません。

③朝・昼・夕食の考え方

トレーニングの時間が午前あるいは午後によって多少異なりますが、基本的には次のように考えます。

朝食は、コメやパンの炭水化物をきちんと取って、体や脳へエネルギーを補給します。目玉焼き・ハム・チーズ等のタンパク質も加えます。野菜をスープ等に入れれば（生よりも）大量に取れ、ビ

タミン・ミネラルの補給になります。

昼食は、午後のトレーニングを想定し、炭水化物に、タンパク質・脂質等の主栄養素と野菜を十分に取ります。和食の場合、雑穀おにぎり＋豚汁等も良い選択ですし、洋食の場合、野菜・キノコ入りパスタも適切です。ソースはクリーム系以外のものがカロリーの点で優れています。

夕食は、運動時に消費されたものの補充という機能があります。タンパク源として、メインディッシュが肉なら、もも肉やひれ肉等脂質の少ない部位がお薦めです。魚や豆腐は脂質が少なくタンパク質が豊富です。オクラ・納豆・メカブのようなねばねば食品は、血糖値を下げ代謝を良くする優れものなので、付け合わせにお薦めです。

④春夏秋冬の野菜・魚介を楽しむ

本稿で強調しているように、野菜はビタミン・ミネラル・食物繊維が豊富で、魚介類は脂質の少ない優れたタンパク源であり、共にアスリートの優れた味方です。旬に食べれば、一層、体質改善・体力維持効果が高まります。現在は技術の進歩で一年中供給されている食材もありますが、やはり地の物を旬に摂取することが、鮮度・味覚・価格の点からもベストです。旬と思われる時期を記します。

[春]野菜 アスパラガス・キャベツ・ニンジン・小松菜（鉄・ビタミンC等女

性にうれしい栄養)・新玉ねぎ(血液さらさら)

　　魚介　かつお・あさり(鉄・タウリン)

[夏]**野菜**　にがうり・かぼちゃ(ビタミンA・C・E)・にんにく(スタミナ、免疫力)トマト(リコピン)・ブルーベリー(アントシアニン)

　　魚介　あじ(DHA・EPA)・イカ(タウリン)

[秋]**野菜**　やまといも・くり・しいたけ(骨・歯のビタミンD)・ゆず(ビタミンC・クエン酸)・さつまいも(ビタミンC・食物繊維)

　　魚介　いわし(マグネシウム・亜鉛・鉄)・さんま(DHA・EPA)・さけ(抗酸化作用)

[冬]**野菜**　しゅんぎく(ベータカロテン)・はくさい・ほうれん草(鉄・ビタミン・ミネラル)・ねぎ(アリシン)・だいこん(ジアスターゼ・ビタミンC)

　　魚介　ふぐ(コラーゲン)・カキ(亜鉛・鉄・グリコーゲン)

⑤食生活の戒め

　「きれいなバラには棘がある」「過ぎたるは及ばざるがごとし」と名言がありますが、過剰な栄養素は、特にアスリートにとっては良くありません。

●**炭水化物**　過剰摂取は糖質の代謝に必要なビタミンを大量に消費し、ビタミン欠乏になると共に、カロリーオーバーは肥満を招きます。

●**脂質**　過剰摂取はカロリーオーバーになり、体脂肪も付きやすくなります。対応としては、豚肉や牛肉はひれ、もも、肩肉等赤身肉を取ることで、脂質は少なくできます。

●**アルコール**　アルコールは、適切な時に適量であれば、癒やしやストレス解放、気分高揚等相応の効果がありますが、スポーツやアスリートと相性はあまり良くありません。アルコールの大量摂取で身を持ち崩したアスリートは、世界的プロゴルファーをはじめ、枚挙にいとまがありません。トレーニングの直前やプレー中はもちろんのこと、プレー直後の飲酒は、血中濃度の上昇により正常な判断・動作の妨げになる等、スポーツの効果・技術向上とは縁がないと考えた方が良さそうです。

　今までお話ししたように、炭水化物・脂質・アルコールのほか、塩分の過剰摂取を抑えながら、野菜をしっかり取ることが、アスリートの食生活には、「キレイな体作り」の鍵になると言えるでしょう。

旬の野菜

春	夏	秋	冬
新玉ねぎ	**ブルーベリー**	**さつまいも**	**だいこん**
ビタミンB1の吸収を助け血液さらさら効果	アントシアニンを含み、目にも有効	ビタミンC、食物繊維等女性にうれしい成分	消化酵素ジアスターゼ、ビタミンCで冬に好適
栄養素 ビタミンB6・C、食物繊維	栄養素 カリウム、ビタミンE、食物繊維	栄養素 ビタミンC・E、食物繊維	栄養素 ビタミンB1・C、パントテン酸
小松菜	**トマト**	**ゆず**	**ねぎ**
カロテン、鉄等女性にうれしい成分	リコピンとビタミン群が豊富な健康食品	ビタミンとクエン酸の力で元気と美肌を	香味成分アリシンがぽかぽか、さらさら
栄養素 ビタミンA・C、カリウム	栄養素 ビタミンA・C、葉酸	栄養素 ビタミンB1・C、パントテン酸	栄養素 ビタミンB・C、葉酸、食物繊維
ニンジン	**にんにく**	**しいたけ**	**ほうれん草**
βカロテンたっぷりで、肌や粘膜、ドライアイの予防	アリシンがスタミナと免疫力をアップ	ビタミンDが豊富で骨や歯の健康アップ	鉄、ビタミン、ミネラル豊富で、緑黄野菜の代表
栄養素 ビタミンA・B6、葉酸、カリウム	栄養素 ビタミンB1・B6、カリウム	栄養素 ビタミンB1・D、ナイアシン	栄養素 ビタミンA・C・E、カリウム、鉄
キャベツ	**かぼちゃ**	**くり**	**はくさい**
ビタミンUと食物繊維が豊富で胃腸も良	ビタミンA・C・Eの力で美と健康向上	良質なタンパク質とビタミン等栄養豊富	ビタミンC、カリウム豊富で鍋や漬物に
栄養素 ビタミンK・U、葉酸、食物繊維	栄養素 ビタミンA・C・E、カリウム	栄養素 ビタミンB1・B6、カリウム、食物繊維	栄養素 ビタミンC・K、葉酸、カリウム
アスパラガス	**にがうり**	**やまといも**	**しゅんぎく**
アスパラギン酸が疲労回復をサポート	苦み成分とビタミンが豊富で夏バテ対策	胃腸にやさしい水溶性食物繊維	βカロテンとカルシウム等多彩な栄養
栄養素 ビタミンB1・C・K、葉酸、カリウム	栄養素 ビタミンC・E・K、カリウム	栄養素 タンパク質、カリウム、食物繊維	栄養素 ビタミンA・E、カリウム、カルシウム

旬の魚介類　　(注)●は、その魚介に特色ある栄養素

春

かつお
[栄養素] タンパク質、鉄、ビタミンB1
●タンパク質
細胞を作る栄養成分

あさり
[栄養素] 鉄、タウリン
●鉄
不足すると貧血の恐れ
全身に酸素を運ぶ

夏

あじ
[栄養素] DHA、EPA、マグネシウム
●マグネシウム
カルシウムと並び大事な
ミネラル

イカ
[栄養素] タウリン、亜鉛、ナイアシン
●タウリン
元気の維持に役立ち、貝類、
イカ等に多い

秋

いわし
[栄養素] 亜鉛、鉄、カルシウム
●カルシウム
頭や骨も丸ごと食べられる
小魚から補給

さんま
[栄養素] EPA、DHA、ビタミンD
●DHA・EPA
高齢化時代に欠かせず、
青魚に豊富

さけ
[栄養素] アスタキサンチン
●アスタキサンチン
美容等に寄与する

冬

ふぐ
[栄養素] コラーゲン、ビタミンD・E
●コラーゲン
骨や皮の周り等に含まれ
美容効果

カキ
[栄養素] 亜鉛、鉄、グリコーゲン
●亜鉛
カキやエビ等に多く、体
内で作られない

4

健康・キレイを生む「テニスの衣・食」

⑥野菜スムージーで大量摂取

　野菜の効能は、本稿で一貫してお話ししてきました。効果は十分ですが、難点があるとすれば、生野菜の状態では大量摂取が難しいことでしょうか。そこで生野菜を家庭のミキサーでジュース化し、野菜スムージーとして取ることをお勧めします。

〔材料2人分〕

小松菜1/2～1/4、にんじん1/2、アボガド、リンゴ1/2、バナナ1本、豆乳100cc、ヨーグルト少々、はちみつ少々

〔作り方〕

小松菜を下にして、すべてをミキサーに入れ、60秒程度撹拌

〔召し上がり方〕

・冬季以外は、氷片2個程度を加えたグラスに入れ、さじで飲用
・朝一番が最適
・グラス1杯

手軽で健康的な野菜スムージー

⑦アスリート向きの献立

　アスリート向き献立のごく一部を紹介します。今までお話ししてきた栄養素がタップリです。サラダも運動後のリカバリーに配慮し、昼食・夕食に向きます。ぜひお試しください！

酢鶏

豚の代わりに鶏にし、あっさり食べられます。手軽でヘルシー。

材料 2人前

鶏胸肉……300g	ケチャップ…大さじ1
鶏がらスープの素	酢 …………大さじ2
………小さじ1	砂糖 ………大さじ1
酒 ………小さじ1	濃口醤油 …大さじ1
ニンジン……75g	片栗粉 ……小さじ1
ピーマン……70g	水 …………50cc
玉ねぎ ……100g	油 …………大さじ1

作り方

〔下準備〕鶏胸肉は一口大に切り、ボウルに入れてスープの素・酒で味を付ける。

❶ニンジン・ピーマンは乱切り、玉ねぎは一口大に切る。

❷❶の鶏肉に片栗粉をまぶし、油を引いたフライパンで焼き目を付ける。

❸鶏肉をいったん取り出し、野菜を炒める。

❹火が通ったら鶏肉を戻し、合わせておいた調味料を入れて絡ませる。あんにしっかりとろみを付ける。

鶏肉

　この料理のメインの鶏肉は、優れたタンパク質源です。筋肉や皮膚、爪や髪など身体のあらゆる組織再生に欠かせません。そのほか酵素やホルモン、免疫力を高める抗体を生成します。まさに感染症対策が叫ばれるこの時代にあって、不可欠の食物ですね。また、美肌に欠かせないコラーゲンも、手羽（皮付き）を中心に多く含まれます。鶏肉はあらゆる料理にマッチします。揚げ物、煮物、鍋、サラダ、カレー等肉食材の王様格ですね。

鶏胸肉の栄養成分（皮なし）100g当たり

エネルギー	108kcal
たんぱく質	22.3g
脂質	1.5g （皮付きは多い）
炭水化物	0g

プロテインサラダ

食事バランスを整えます。疲労回復・筋肉維持などアスリート向きのサラダです。

4

健康・キレイを生む「テニスの衣・食」

材料 **2人前**

ナス………………	140g
レタス …………	60g
ブロッコリー ………	100g
枝豆………………	60g
サラダチキン ………	160g
キヌア ……………	140g
ミニトマト ………	数個
パンプキンシード …	10g
オリーブオイル …	大さじ1

作り方

❶オリーブオイルを引いたフライパンでナスの両面を焼く。

❷レタスは一口大に手でちぎり、水洗いし、水気を取る。

❸キヌアを10分間茹でる。

❹ブロッコリー、枝豆は、塩を小さじ1入れた沸騰したお湯で3分間茹でる。

❺サラダチキンを薄めに切る。

❻盛り付け皿にレタス、枝豆、キヌアも入れて和える。

❼その上にブロッコリー、サラダチキン、ナス、パンプキンシードを盛り付け、オリーブオイル、塩、こしょうをかける。好みのドレッシングでも可。

キヌア

　今回使ったキヌアは、ペルーなどで採れる珍しい雑穀です。タンパク質に富み、マグネシウム、リン、鉄分などのミネラルも含み、栄養価の高い健康食品として、近年ヨーロッパや日本で評価されています。ただ、豆類ほど栄養価は高くありません。グルテンを含まないため、小麦アレルギーのある人でも大丈夫です。スーパーなどで購入でき、外見はゴマと見まがうような形状をしています。

だいこん・さといも・イカの煮物

定番ですが、おいしく、手軽でアスリート向きです。

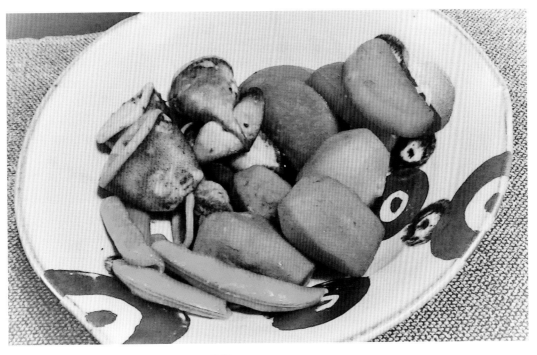

材料 **2人前**

だいこん	300g
さといも	300g
イカ	100g
スナップエンドウ	少々
だし汁	400cc
濃口醤油	大さじ3
砂糖	大さじ1
酒	大さじ2

作り方

〔下準備〕だいこんは皮をむき、縦に4等分、1センチ幅に切り、下茹でする。さといもは皮をむき、沸騰した湯で5分間茹でる。イカは下処理をして、材料に合わせ出来上がりを想定し、適度に切る。

① 鍋にだし汁、別添の調味料を入れ煮立てる。イカを入れ、さっと火を通し、皿に取り出す。
② だいこん・さといもを入れ、15分間味が染み込むまで煮る。
③ 別途スナップエンドウをさっと茹でる。
④ イカを再度入れて、2～3分間煮て火を止め、スナップエンドウを加える。イカは長時間煮ないようにする。

タウリン

イカに含まれる重要な栄養素です。イカだけでなく、タコやカキにも豊富に含まれます。タウリンには体・細胞を正常に保つ作用（ホメオスタシスといいます）があります（血圧上昇に対する下降作用のようなことです）。特に肝臓に対し、「胆汁酸の分泌を促進し、肝臓の動きを促進する」「肝細胞の再生を促進する」などの作用があります。近年、栄養ドリンクやサプリメントでその名を聞きますね。本書で食物（栄養素）の大事な事項として取り上げた「神経伝達物質」でもあります。

リカバリーサラダ

運動後に好適。たくさんの野菜をおいしく摂取できます！食物と体の「見た目」の相乗効果！

材料 2人前

カマンベールチーズ ………2個
（6Pで切れている場合）

トウモロコシ ………… 1～2本
（または冷凍粒コーン）

ミニトマト ………… 10コ程度
空芯菜………………200g程度
ドライクランベリー …… 少々
オリーブオイル ……… 大さじ1
バルサミコ酢 ………… 小さじ2

作り方

❶ミニトマト、空芯菜、チーズを食べやすいサイズに切る。

❷熱したフライパンに茹でたトウモロコシを入れ、焦げ目を付ける。火を止めて、醤油をフライパンの中で、トウモロコシに絡ませる。フライパンからトウモロコシを取り出し、皿に身をそぎ落とす（粒コーンは焼き、醤油のみ）。

❸フライパンにオリーブオイルを引いて、空芯菜をさっと炒める。

❹ボウルに、炒めた空芯菜、トウモロコシ、ミニトマト、チーズ、ドライクランベリー、バルサミコ酢を加え、全体を軽く混ぜる。皿に盛り付け、好みで塩・こしょうをかける（バルサミコ酢、塩、こしょうの代わりにドレッシングの味付けも可）。

色彩豊かな野菜の相乗効果

　このサラダは、トマト、空芯菜、トウモロコシなど野菜が豊富で、調理法にも工夫があります。トマトのような赤色野菜と菜もののような緑野菜は、共に老化を防ぐ抗酸化作用があり、さらにチーズ（良質なたんぱく質）とともに取ると、野菜のビタミンCと共にコラーゲンが作られ、肌の美化に役立ちます。トウモロコシのような黄色野菜は、含まれているβカロテンが体内でビタミンAに変化し、粘膜や皮膚を丈夫にします。βカロテンの吸収を高めるには油と一緒に料理することが効果的です。このサラダは、そうした工夫の宝庫で、リカバリーだけでなく、健康体の維持にとても好適です。

§3 │ お茶で得す（デトックス）る

お茶ライフコーディネーター
堀部珠美　お薦め

皆さんと一緒にお茶でデトックスし、キレイな体で健康生活を送りましょう！

①デトックスとは

現代の生活では、アスリートであるか一般人であるかを問わず、食生活を通じ食品添加物等から、また、日常生活で大気中に含まれる汚染物質等の吸引から、多くの有害物質を体内に取り込んでいます。さらに、過剰な脂質・糖質の摂取が体内に蓄積され、高血圧・肥満等病気を誘引する体質の悪化につながっています。

体内にたまってしまったこうした有害物質（アンモニア、硫化水素、尿素、尿酸等）、毒素（水銀・鉛・カドミウム等の有害金属等）、老廃物を体外に排出することを、デトックスといいます。

体内にたまった有害物質・毒素の75％は便から、20％は尿から、3％は汗から、2％は毛髪と爪から排出され

ると言われています。デトックス効果の高いお茶を服用し、便や尿から有害物質・毒素を排出することは、特に体調管理が重要なアスリートにとって必要なことです。

もちろん、一般の方にとっても、お茶の服用でこうした効果が得られれば、運動との相乗効果で、「キレイな体作り」にまい進できることになります。有効なお茶をいただき、お茶「で得す（デトックス）る」なんて、うれしい話ですね。

②デトックスが必要な人

お話ししたように、多くの現代人はデトックスが必要ですが、次のような自覚症状が複数見られる健康リスクが高い人は対応が必要です。

● むくみがよく出る

● 肌トラブルを起こす頻度が高い

● 疲れがたまりやすく抜けにくい

● インスタント食品、コンビニ食品を常用している

● 冷え性

こうした人は、デトックスとして、これから紹介するお茶に親しむようお勧めします。体内の毒素を出すと、血液

4

健康・キレイを生む「テニスの衣・食」

循環が良くなり、美肌や免疫力アップ、アンチエイジング、ダイエットに効果が期待できます。

③お茶の効用

　ここで少しお茶のことに立ち入ってみます。デトックス効果を知る上で重要だからです。

　私たちがお茶という場合、多くの方は緑茶（いわゆる日本茶、このほかに中国の緑茶もあります）、ウーロン茶（青茶）、紅茶などを思い浮かべるのではないでしょうか。

　これらは、実はチャノキの葉や茎を加工して作られたものです。材料を発酵させる（紅茶）か、半ば発酵させる（ウーロン茶に代表される青茶）か、発酵させない（緑茶）かで、製品に差が出ます。

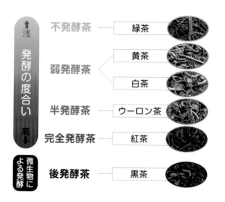

発酵の度合いで呼び名も（サントリー HP）

　チャノキ由来（材料としたという意味）のお茶、特に緑茶には、多くのカテキン等のポリフェノールが含まれています。これらに、血圧や血糖値上昇の抑制、便秘解消と予防、抗酸化作用等が

あるとされ、健康増進の一翼を担っています。同時にカフェインが含まれているので、覚醒作用があり、睡眠前には避けるのが賢明です。

　みなさんは、こうしたお茶のほかに、玄米茶、はと麦茶、ルイボスティー等のハーブティーを体験したり、名前を聞いたりしたことがあると思います。これらのお茶は「チャノキ以外」の葉や茎、果実、花びら等を乾燥させたものを煎じて使用します。本場の中国ではチャノキ由来ではないので、緑茶等と区別し、「茶外茶」と呼ばれたりします。

お茶の種類

		お茶の例
茶	緑茶	（日本） ・玉露　・煎茶　・番茶 ・ほうじ茶　　　・抹茶
	白茶	・白毫銀針
	黄茶	・君山銀針
	烏龍茶 （青茶）	・東方美人　・鉄観音
	紅茶	・アッサム　・ダージリン ・セイロンティー
	黒茶	・プーアル茶
	花茶	・ジャスミン茶
茶外茶		・甘茶　・はと麦茶 ・ルイボス茶、マテ茶、 たんぽぽ茶等のハーブティー

　使用する読者からすれば、植物を煎じて飲みますので、区別する必要はないでしょうが、嗜好品とされている緑茶・青茶・紅茶と異なるグループです。

　また実は、人々との関係も、嗜好品と

いうよりは保健茶、薬茶、養生茶として親しまれてきた経緯もあり、デトックス効果が高いものも多く、味も緑茶等と異なり、独特の苦味があります。

④デトックス効果の高いお茶

お話しした緑茶等のチャノキ由来のお茶と、チャノキ以外のいわゆる「茶外茶」を含め、デトックス効果が高く、皆さんが容易に入手できるお茶の特色を紹介します。未経験の方は、一度お試しください。

- **●緑茶**　日本茶では、玉露、番茶、ほうじ茶等、従来から親しんできたお茶で、中国茶にもポピュラーなものが多くあります。カテキン等のポリフェノールを含み、前述しましたが、血圧や血糖値上昇の抑制、抗酸化作用等のデトックス効果に加え、脂肪減少や認知症予防になるという見解もあります。

- **●ウーロン茶**　ポリフェノールが食事中の脂肪を付きにくくする、カフェインでエネルギーを放出する、血液さらさら・代謝アップにつながりカロリーを消費する等多くの効能がうたわれます。また、含有するテアニンという物質がストレスを解消する効果もあるとされます。体と心に働く素晴らしい効能がスポーツマンにぴったりです。ただ、利尿効果もあり、飲み過ぎ（１日600〜800ミリリットルが適量）には要注意です。

- **●はと麦茶**　含まれるヨクイニンには、水分代謝を促進し新陳代謝を活発にする効果があります。新陳代謝が促されるとメラニン等の毒素や不要となった老廃物を排出し、デトックス効果が期待されます。美肌、美白に良いとされます。

- **●たんぽぽ茶**　たんぽぽの根を焙煎したものを粗びきして作ります。利尿作用のほか便秘解消や、代謝、解毒を促す肝臓の働きを高める作用があります。味わいがコーヒーに近く、ノンカフェインなので、就寝前や妊娠中でも安心とされています。

- **●ローズヒップティー**　天然のビタミンＣをレモンの20倍含むとされ、疲労回復やむくみ解消効果が期待されます。むくみの解消で血液循環が良くなり、毒素排出のデトックス効果が高まります。緩やかな利尿と便秘にも効果ありです。なお、むくみ解消には、**ハイビスカス**の方がカリウムが入っているので効果はあります。

- **●ルイボスティー**　抗酸化作用のあるフラボノイド等のポリフェノールを含み、美肌や便秘解消が期待されます。ミネラル成分も豊富で、基礎代謝が上がり、血液循環が良くなり、デトックス効果が高まります。ノンカフェインのお茶です。

- **●その他のハーブティー**　薬草や香草など香りのある植物で、前述のたんぽぽ、ローズヒップ、ルイボスのほか

にも多くの種類があり、飲むだけでなく香りも楽しめるものが多く、女性に人気です。ハーブを使っているため、ノンカフェイン（マテなどはカフェインを含みます）です。ハーブによって、次のような効果が期待されています。

●**ラベンダー**　鎮静作用、緊張緩和、イライラ解消、睡眠障害解消

●**カモミール**　消炎、鎮静、リラックス効果、体の温め

●**クミスクチン**　老廃物・塩分の排出

●**エルダーフラワー**　利尿作用、発汗作用

⑤お茶の飲み方

　まず準備の仕方ですが、緑茶等とそれほど変わりません。材料は店舗、通販等で入手できる市販のパック（または茶葉）を用意し、ホットの場合は、熱い湯（ウーロン茶は100℃）を注ぎ有効成分をできる限り抽出するようにします。蒸らす時間は茶によって異なり、説明書通りにしますが、例えばハーブティーの場合、通常３〜５分（花・葉3分、根・実・種5分）です。あまり長く蒸すと苦味が出て

しまうことに注意します。

　次に常用する場合の、効果的な飲み方は、

❶一日の**水分補給を水に代えて、お茶を中心**と考えるのも一方法です。この場合、多量になりますので、ルイボスティー、玄米茶（緑茶と玄米でできており、カフェインも入っています）などが適しています。

❷１種類のお茶ばかりでなく、種類を変えたり、ハーブティー等では数種のものを**ブレンド**したりすれば、口当たり良く常用できます。

❸**運動と併用**することにより、デトックス効果が増進し、「キレイな体作り」が実現できます。

❹デトックス効果が高いのは、砂糖を加えずに飲めるお茶です。**砂糖はデトックス効果を減じます**ので、どうしてもという方はハチミツなどを入れると良いでしょう。

❺デトックス効果は、排尿・排便・発汗を通じてもたらされます。デトックス効果の高いお茶の**中長期的な常用**が望まれます。

❻お茶によっては、生理的な体のメンテナンスだけでなく、**心のモヤモヤを解消**することも、デトックスを助けます。

　以上お話ししたような「飲み方」に留意しながら、**運動・食事にも配意し、おいしいお茶で「心と体のキレイさ」を磨いていきたいですね。**　お茶に乾杯！

第 5 章

人・地域を育てる
「テニスの社会性」

　テニスが長生き、キレイにつながる一つの要因は、テニスをプレーすることが仲間づくりや、社会との結びつきを強める機会になるということです。ここでは皆さんが気付いていなかったり、もっと地域づくりに貢献できたりするヒントを提供し、テニスを通じて人生をより豊かにするお手伝いをさせて下さい!

§1 スクールに通う

スクールの長所・課題

　テニスの技を磨きながら、交流の輪を広げることも、テニスの楽しみです。一番手っ取り早いのは、スクールに通うことです。スクールのメリットはたくさんあります。

①仲間集めを必要とせず、時間も自分の都合で決められます。都会に多いインドアであれば、天候にも左右されず、夏の日焼けや冬の寒さを気にしないで済みます。

②技術に応じてレベル分けされます。共に技を磨く仲間も、レベルの大きく異ならないプレーヤーが多く、コーチもレベルに応じた技術指導を行ってくれます。技術の向上に合わせ、クラスも上がるので、将棋や柔道の段位が上がるような楽しみもあります。

③基礎的なこと、応用技術のスタンダードを教えてくれます。特にダブルスの場合、パートナーがいかに運動神経が優れていても、スタンダードな動きを理解していないと、チームワークが発揮されません。両者が動きを理解していれば、1＋1＞2ですが、理解していないと、1＋1＜2となってしまいます。

④誰でも、どんなレベルに達しても、長所・短所はあります。長所を伸ばすように指導してくれるコーチ(北風コーチでなく、太陽コーチ)の方がテニスの楽しさにつながり、本書のテーマ「テニスで健康に長生き」に合致するはずです。

⑤用具がレンタルでき、ジュニアには発展段階に合わせた用具(ラケット、ボール等)も用意され、家庭では得られない利便性もあります。

⑥いろいろなイベント、合宿等を通じ、仲間との交流も増え、楽しみも生じるでしょう。

テニスだけでなく、趣味や飲食を共にする機会が得られ、飲み仲間ができ、より一層の発展形！もあるでしょう。

楽しいスクール仲間の合宿

一方、スクールの課題もあります。自分なりにうまく生かす工夫が必要です。

①一般的には、ストローク、ボレーなど特定のテクニックのレッスンが多く、試合そのものは少ないので、自分で補う必要があります。
②自分の弱点のみのレッスンは少ないので、積極的にコーチに頼む必要があります。
③コーチが、スクール生の名前を覚えることは初歩ですが、その生徒の長所・短所を早く把握し指導に生かすことが生徒の上達につながります。これができないコーチ、人数がやたらに多いレッスンは、変えた方が賢明でしょう。

個人（グループ）レッスン

スクール以外にも個人あるいは少人数で特定のコーチに指導を受ける個人（グループ）レッスンも、技術向上には有効です。

実は、諸外国では、日本のスクールのような形態は少なく、クラブで個人レッスンを受けることがポピュラーだという話もよく聞きます。

メリットとしては、個人に合った特定の技術を高められること、熱心な指導等オーダーメイドのコーチングが受けられることです。

課題は、スクールの何倍もの費用がかかること、自分に合ったコーチを見付けるのが難しいことであり、スクールのようにテニスを通じて社会性を高めることは期待薄です。

レッスンの受け方

スクール、個人レッスンには、ほかにもメリット、課題はあるでしょうが、それは読者自身が身近に感じているはずです。

いずれにしても、スクールの場合、技術の上達を目指すのであれば、週1レッスンとして2年くらいである程度結果が出なければ、そのスクール、コーチとの相性を問い直す必要があるでしょう。個人レッスンの場合は、はるかに短期間で結論が出るでしょう。

もっとも、自分のことは棚に上げ、進歩の停滞をコーチのせいと考え、年中スクールやコーチを変えたがる人々もいます。こうした方は、「テニスで健康に長生きする」方途をもう一度全面的に問い直し、技術の向上のみにあくせくしない自分を取り戻す、というのも良い処方箋だと思います。

§2│試合に出る

試合のメリット

試合に出ることは、自分の技量向上に不可欠でしょう。ここで試合とは、日常の練習マッチでなく、自分の力量に応じた大会での試合のことを言っています。

①大会での試合は、稽古事の発表会である

大会での試合は、自分の現在の力量を測るとともに、大会を目標に技量の向上を目指す一里塚となります。どんなお稽古事でも、発表会があると、計画的に取り組む励みになるでしょう。

②知らないタイプに出会い、競技の世界を知る

大会には勝手知ったる日頃の練習仲間と違った相手が参加します。いろいろなタイプのプレーぶりを学ぶと共に、上級者と対戦すれば、上には上がいることを身をもって知ることができます。そんな上級者でも、地域レベル、全国レベル、実業団の選手やプロに歯が立たないことを考えると、選手層の幅の広さを改めて認識できます。

③割り切りと向上心を養う

己と相手のレベルを知ることで、自分の居場所を確認できます。そうした客観性を養う一方、プレーヤーによっては、レベルアップを図る格好の目標、良いステップとなります。

④緊張感と適度のストレスを得る

試合に臨んでは、誰でも緊張します。また自分よりレベルの高い大会では、ストレスも感じます。大きなストレスは精神的にマイナスですが、こうした緊張感や適度のストレスの継続的な体験は、ピンチやリスクに対応する力や集中力を養います。日頃、研鑽を重ねているアスリートが集中した時に発するオーラは、しばしば人を魅了しますね。

⑤ファッション・運動ツールに覚醒する

かつて筆者は、学生時代に弓道を愛好していた時期があります。ある仲間が学生としては相当高価な弓・矢・カケ（ツルを引く手袋状のもの）を取りそろえました。彼言わく「技術は買えないが、用具で泣きたくない」。

高価なモノを礼賛する気は全くありませんが、ファッションや用具の選択を工夫することは、そのスポーツをより楽しみ、自分の心と体を存分に発散することにつながります。試合はその良きショーウインドーになります。

ファッションの工夫の一例ですが、私はテニスのダブルスのローカルな試合でパートナーとウエアを統一しました。パートナーの夫人が「いい歳をし

5

人・地域を育てる「テニスの社会性」

て」と言って笑ったそうですが、メンタルを高めること、似たような格好で攻撃のターゲットを相手に絞りにくくさせること―「あの赤ウエアを攻めよう」と言えない―の狙いがあったのです。

試合に臨んで

　試合に出ることを勧めているわけですが、ここで実際に試合に臨む際のプラスアルファとなるような留意事項を少し書きましょう。試合の常連さんは自分のルーティンがあるでしょう。この部分の記述に限っては、大会に初めて参加するか、年に数回程度しか参加しない人が対象です。

[大会の前日まで]

　体のコンディションを整えるのはもちろんですが、ほかのチェックをします。

- ●**用具**　特にグリップテープは新品が良く、シューズは履き慣れたものにします。ラケットは複数本用意します。
- ●**ウエア**　上級者でも試合ではインナーパンツ、レッグサポーター等を着用し、体を引き締めます。ソックスも含め着替えをチェックします。
- ●**持参品**　けいれん予防の薬（芍薬甘草湯、塗り薬等）、アミノ酸等の薬・栄養剤もあった方がいいでしょう。
- ●**会場までの交通手段**　ちょっとしたトラブルがあっても対応できる余裕を持って行動予定を立てます。

[試合当日、試合直前]

- ●**準備運動**　特に足の屈伸、横への動きを忘れずに。鎖骨を開く等、体が伸びる運動も欠かせません。
- ●**水分補給**　事前に補給し、コートにも。
- ●**意識**　誰でも試合は不安なものです。相手を委縮させる自信あるパフォーマンスは、大きな武器になります。
- ●**試合運び**　得意のショット（日頃得意パターンをつくっておく）を早めに多用し、相手を気後れさせる、警戒させることは有効です。ダブルスの場合、攻める相手を絞ります。
- ●**試合待ち**　一日数試合も珍しくないので、オン・オフをつくり、水分・食物補給を心がけます。体が冷えないような工夫、けいれん予防に配意します。

§3│部活動に積極的に参加する

　日本の中学・高校の場合、運動部・文化部とも部活動は盛んで、生徒の80％が参加しているというデータがあります。ただ、参加比率は高くても、全く部活動に参加していない「帰宅部」の生徒もその絶対数ではかなり多くいます。

　本書発刊の一つの契機は、プロローグで述べたとおり、目的意識を持って大切な時期を過ごしてほしいということです。部活動の役割を知った上で、さらに多くの生徒に、部活動への参加や活動の濃度を高めることをお勧めし

ます。

　運動部の部活動について、どんな競技が選好されているでしょうか。中学では、全国でソフトテニスが1番（男女計）です。高校では、男子はサッカーと野球が両翼で、テニスは5位です。女子はバレーボール、バスケットボールが1、2位であり、硬式テニスは5位ですが、ソフトテニスを加えると、ほぼバレー、バスケに匹敵する生徒にテニスが選択されています。テニスは、手軽さやファッション性の故か、生徒間の選好度は相当高いといえます。

　ここで部活動への積極参加を本人やご両親に強調するのは、次のような理由からです。

①社会生活の基本的なところを学ぶ

　部活動は、部という以上、何人かの集団で行動します。組織である以上、存続のための秩序があり、ルール、連帯感、相手への思いやりや協調性が育まれます。運動部であればスポーツマンシップの要素も加わります。部の運営の中で、自分の役割分担も生じ、遂行のための責任感も醸成されます。

　「学校で学問からは知恵を、部活からは生活の術を学ぶ」とのくくりも、あながち大袈裟とも言えないでしょう。

　仕事や遊び仲間と地域でさまざまなイベント、プロジェクトを計画すると、任務に積極的に取り組む人と嫌々、指示待ちの人に分かれます。DNAがもた

競技別人口ランキング

中　学

	競技名	人数
1位	ソフトテニス	368,068
2位	バスケットボール	315,097
3位	サッカー	252,699
4位	卓球	240,676
5位	軟式野球	223,132
6位	陸上競技	219,556
7位	バレーボール	205,640
8位	バドミントン	128,240
9位	剣道	95,904
10位	水泳	49,255

高　校

	競技名	人数
1位	サッカー	172,971
2位	野球	170,312
3位	バスケットボール	159,454
4位	陸上競技	109,294
5位	テニス	105,741
6位	バドミントン	105,700
7位	バレーボール	96,212
8位	ソフトテニス	82,296
9位	卓球	68,054
10位	弓道	67,203

出典：中学は（公財）日本中学校体育連盟（2014年）
高校は（公財）全国高等学校体育連盟（2014年）、
（公財）日本高等学校野球連盟

らす性格はもちろんですが、部活動での経験の深浅が反映されている気がしてなりません。

②仲間づくりを広げる

①と密接に関係しますが、同じ部を選んだ人は、志に共通する部分があります。共通の時間を持つことが多く、まずは心を許す最初の友ができたり、リーダーともなれば人心掌握の初歩を学ぶことにもなります。部活動の仲間は、学校を卒業しても、生涯の友を得るなど長い間の付き合いに発展することも世の習いですね。

③技術・体力の向上はもちろん、内面を高められる

スポーツで有名な学校、部に進学した生徒は、「技術・体力の向上」を第一義とする人が多いでしょうが、それは部活動の一面にすぎません。アスリート、非アスリートを通じ、レベルアップのための日頃の厳しいエクササイズ、大会・試合でのパフォーマンス、地域や指導者からの評価等を通じ、「内面的なもの・精神的なものの高揚」が図られるはずです。

「うれしい、楽しい、悲しい、残念だ」という喜怒哀楽の集積が、人間性を形成し、(容姿のような)外面にも十分影響を及ぼすことになります。うれしいような、怖いような…。

④活動時期が限られる

趣味の領域に浸ることは一生を通じてできます。しかし部活は限られた期間しかできません。部活から得られるものは、必ずしも当時は得心がいかず理不尽に思うことも多々あるはずです。それが将来、体力・技術の向上と共に、自分の財産となって生きてきます。部活(的なこと)をするのは、児童・生徒・学生にとって、「今でしょ!」。

今でしょ先生

§4 | クラブ、グループに入る

①クラブに入る

テニスを継続的にプレーしたい人に、専門的な場として、スクールのほかにテニスクラブがあります。欧米では、社会人の場合、テニスライフはテニスクラブライフと同義語である場合も多いようです。

テニスクラブは、プレーヤーの目的で多様性に富んでいます。ジュニアや学生で本格的にテニスを究めたい人々は、学校の部活動よりも、専門コーチがおり選手育成コースのあるクラブを選択しています。特にこうしたコースが用意されている大都市周辺のクラブで

は、その傾向にあります。

社会人の場合は、大会等に常時出場するレベルの人と、趣味の延長や健康維持の目的でプレーする人に分かれますが、いずれの人にも地域のテニスクラブの門戸が開かれています。

テニスクラブには、目的にかなう多くのメリットがあります。

- **好きな時にプレーできる仲間がおり、場所があること**
- **サッカー等の団体競技と異なり、小人数がそろえばプレーできること**
- **同じ趣味を通じ、老若男女と幅広い交流が可能であること**
- **健康維持・増進の目的にかなうこと。その際に、ジョギングやマッスルトレーニングのように単純でないこと**
- **大会やイベント等の情報が得られ、活動の幅が広がること**

枚挙にいとまがありませんね。

ただ、あらゆるクラブライフは、経費と時間を要しますし、自分に不向きなクラブに入った時は、不満が募ります。

伝統あるクラブほど、新加入メンバーがなかなかなじめないという話もよく耳にします。自分の目的を明確にし、十分な事前リサーチと、できれば知人の手引きのもとに、クラブを選択し、楽しむことをお勧めします。

②グループに入る

クラブやスクールだけでなく、継続してプレーをしたい場合、適当なグループに入るのも有効な方法です。既にグループに入っている方は別ですが、最初はなかなかグループを見いだせない場合も多いと思います。助言と、グループに入った場合の心がけを書いておきましょう。

情報システムを利用する

テニスコートを確保した人が、任意の仲間をネットで公募し、プレーを成立させる「テニスオフネット」等の情報システムが、無料で提供されています。「オフネットシステム」は全国規模で提供されていますが、類似システムもほかにあるようです。ネットで調べてみてください。

テニスオフネットのあるページ

コート確保者を主催者と呼びますが、レベル等を明示して公募し、何回か同じ主催者が開催するうち、参加希望者のID（本名の必要なし）も表示されますので、一部固定的なメンバーも出

現し、半ばグループ化してきます。

　こうした情報システムに参加するのも、IT時代にありがたいグループ探しの一方法と言えるでしょう。

グループの中で役割を担う

　公募を中心とする緩いグループ化は一つの潮流ですが、圧倒的に多いのは、従来型のメンバーを限定したクローズなグループでしょう。グループには、コートの確保、ボールの調達、参加者への連絡等さまざまな用務があります。グループに加入した場合、こうした用務を自分の得意分野を生かしながら、求められる範囲で積極的に担うことは、ボランティア活動の延長でもあり、責任を共有する点で、グループ活動に必要な要素と言えます。

　グループ活動は、趣味を共有する人々の集まりなので、テニスだけでなくほかのスポーツや娯楽に広がることも多くなります。楽しさを共有するためのグループ化であり、他人に配慮し、楽しませる工夫も必要となります。よりストレスフリー（ストレスがない状態）になっていく自分自身を発見すればグッドですね。テニスをやって良かったと感じる瞬間です！

テニス試合を開催する達人

■3000回試合を開催

テニスをしたいが、場所や仲間がすぐに見つからない人に、テニスコートを確保し、不特定の仲間をウェブで集めるテニスオフネット（以下「オフ」という）という仕組みがある。

テニス愛好者にとってウェブ時代の大変ありがたい仕組みである。

最近は相対的に高齢者も多く、高齢社会とウェブ社会が結び付いたユニークな活動と言える。もちろん若者の参加もある。

コートを確保しウェブ上で参加者を集める人を「主催者」と呼んでいる。

主催者を15年間で3000回以上務めた強者が、横浜市青葉区にいた。中村義昭さんである。3000回はこのシステムの中で、おそらく日本一であろう。この数字は、野球の衣笠の連続試合出場（中村さんの記録は連続ではないが）とも対比できる数字ではないか、と筆者はひそかに思っている。

彼は無類のテニス好きで、定年後テニス仲間やコートを探し、方々に出かけていたが、いっそ自分で開催した方が手っ取り早いと、主催者になったという。

3000回は並大抵の数ではない。年間200回以上こなさないと到達しない。横浜市の公設コートは、事前予約制で、くじで利用者が決まる。彼は名義を増やすため仲間の協力を得て、丹念に申し込みを続けてきた。

彼はコートを確保し、参加者を募集し、組み合わせをつくり、当日は全員の集合写真やプレーぶりを撮り、成績をまとめ、次回参加者に写真を無料で配ることを忠実に15年間実践している。

作業はプレーを挟み、朝から夕方までかかるようだ。自分でも「天職」だと言っている。この作業を中心に一日が回っているので、現役の職業（特殊な医療的仕事）を持つ奥さまも、すっかりあきらめている。「好きなようにしたら」というわけだ。

■さまざまな人が集う

彼のオフには、老若男女さまざまな人が集う。平日の日中開催なので、どうしても奥さま連中や、リタイアした中高齢者が多いが、昨今の勤務態様の多様化を反映し、現役ばりばりの若者も数多く参加する。

レベルもピンからキリまであり、ゲーム

の興趣を添えることになる。

　奥さまの中には、娘さんがサッカーのなでしこ日本代表のお母さんがいたり、コーチをしている人や学校や塾の先生がいたりとさまざまである。

　べっぴんさん（死語！）や昔べっぴんさんもおり、中村さんはことのほかこうした方々が好きで（男は少なからずそうかもしれない）、優先して彼女らを参加させている。

　男性にはもっといろいろな経験者がおり、青春時代お世話になった「平凡パンチ」「GORO」などの雑誌（若い人は分からないか）の責任編集者やパイロット、大企業の役員OB、現役のバス運転手、タクシードライバーなどさまざまな経歴に及ぶが、ゲーム、付き合いに全く関係ないところが良い。

　テニス好きが高じて、アメリカの学者のテニス論文（ボールの飛び方の物理学的解析等まで及ぶ）を、執筆者にかけ合い翻訳権を獲得し、2冊も自費出版した男

性もいる。

　中村さんの涙ぐましい取り組みを耳にした大手新聞が、地方版に大きく取り上げてくれた（開催800回）。記事の中で少し遠くから（会場は横浜市北部が多い）よく参加する川崎市のKさんは「ここでも楽しむが、ここで知り会った仲間と近場でプレーすることも多い」と述べているように、一つの触れ合いの場となっている。文壇のサロンのような存在とも言えよう。

　そういえば、オフのある男性が、技術も見かけも上等な女性をしばしば仲間に引き抜き、中村さんが怒っていたなんていう〝副産物〟も生じた。

　ともかく3000回の練習試合を開催し、延べ参加者は2万人にもなろうという楽しく有意義なオフを主催してきた。

　そんな中村さんも、病院側の対応の問題もあり、2019年も押し詰まった頃、神様に召された。

中村さんを大きく報道（2009年4月8日付　朝日新聞）

§5 テニス振興に参画・貢献する

テニスというスポーツを通じ、自分のためにどう振る舞うか、自分をどう成長させるかを中心に述べてきました。さらに進めて、テニスに対してどのような協力ができるかを考えます。大袈裟に言えば、テニスへの恩返しです。

① テニスを町おこしに位置付ける

ご存じのようにロンドンの郊外にウィンブルドンがあります。最も由緒ある全英オープンが開かれ、テニス愛好者の憧れの地です。ここに至ったのも人々の熱意に支えられた十分な歴史があってのことでしょう。とてもここまでは求めません。ただ、日本にはサッカーやラグビーを通じて、町おこしを図る都市もあります。中学生・高校生の部活では、ソフトテニスを含めたテニスは一番人気か、それに準じていました。若い頃は皆なじんできたのです。これを生かさない手はありませんね。

町のセールスポイントに、テニスの大きな大会やイベントを加えたらどうでしょう。

皆さん、知恵を出して、テニスの楽しさをもっとアピールしませんか。まず手近にできることから始めましょう！

地元のテニス協会のホームページを開いてみましょう。大会のお知らせ等が多いはずです。トップレベルの選手による大会に加え、さまざまなレベルで参加できる大会も用意されているの

が普通です。腕試しに参加するのも手です。大会のほかに協会が主催するスクールやイベントも出ています。

特にテニスの日（9月23日）には、必ずイベントが組まれています。イベントへの参加が、地域でのテニスへの取り組みの第一歩です。家族や知人に声をかけて参加すれば、交流の輪が広がります。

横浜市テニス協会のHP

② 施設造りに意見・資金を寄せる

テニスコートの維持運営には、整備費、運営費、税金など多額の経費がかかります。大都市では、私設のコートはマンション、駐車場等のほかの用途に転じれば収益が高いため、コートがどんどん消えています。企業も福利厚生に回す金が減り、コートを撤収する現状です。

頼みは、都道府県、市町村等の自治体が管理する公営施設になりつつあります。公営施設の増設・存続・改善に、一市民として大いに声を発していきたいものです。

ふるさと納税という仕組みもあります。納付先は、自分の出身の郷里に限りません。返礼品目当てもいいです

5

人・地域を育てる「テニスの社会性」

105

が、スポーツ施設の拡充に熱意ある自治体に浄財を投じることも、是非考えてほしいと思います。

③ テニスグッズを提供する

社会人となり、独立して事業を営んだり、会社の重要人物になったり、なりつつある人も大勢いるでしょう。そうした人々が事業の発展を考えるとき、スポーツ関連、特にテニス関連の事業化にも思いを巡らせてはいかがですか？

ハード整備や用具の提供は、一般的には設備投資や要員の確保など大がかりでしょう。ファッション関係はいかがですか。斬新なウエア、テニスプレーに役立つ身の回りのちょっとした化粧品・おしゃれグッズなど、「テニスで健康でキレイになる」人々が待ち望んでいますよ。

アイデアを好きなテニスに生かすチャンスです。

④ 情報提供に参画する

テニスは世界でなんと200カ国以上に競技者のいるインターナショナルなスポーツです。各国にさまざまなプレーヤーがおり、テニスコートがあり、関連グッズも生産・販売されています。こうした成果を積極的に日本に紹介し、あるいは日本の技術・製品を世界に紹介していくシステムは十分でしょうか。ノン、でしょう。

知人で、アメリカの大学教授の書いたテニス理論の論文を自分で翻訳し、自費出版した男性がいます。本は好評です。こうした努力にもっと多くの関係者が目覚めれば素晴らしいですね。

この章の§4②で紹介した情報システムも、提供者・利用者の立場から改善の余地があるかもしれません。

こうした貢献を考えると、気持ちが明るく気宇壮大になって、脳のシワは増えるが顔のシワは伸びて、「テニスで健康でキレイになる、長生きする」こと請け合いですよ。

⑤ 事業化する、地域に貢献する超一流の選手は

シャラポワは、化粧品や小物に自分のブランドがあると聞きました。

ナダルは、郷里スペインにIMGアカデミー（アメリカ・フロリダ州）のようなテニス選手育成の拠点をつくりました。

ジョコビッチ、フェデラーもたくさんのCMに出ているでしょうが、ユニクロウエアの新旧のモデルですね。

テニスやテニス選手は「健康、キレイ」と結び付くイメージがあるので、積極的に自ら事業化を図ったり、一流企業の事業展開に参画したりしています。

皆さんは

少し夢の部分に入りましょう。前段は一流選手の話でしたが、テニス愛好の一般人はどうでしょうか。必ずしも著名な選手と組む必要はありません。

3でお話ししたテニスグッズを発展させ、ウエア、スポーツ用品の事業化を図り、さらには地域づくりにまで構想を広げ、スポーツ施設の充実、それを核としたスポーツゾーンの形成に夢を膨らませることはできないでしょうか。

地域のイメージとしては、日本で言えば神宮・千駄ヶ谷エリア、世界的に言えばゴルフ場、テニスコートが広がるウィンブルドンエリアなど好例です。

個人で取り組めと言っているのではありません。行政や競技団体に働きかけること、世論を喚起すること、クラウドファンディングを立ち上げ、参画すること、そうしたことに尽力するリーダーや協力者が一人でも多ければ、夢も実現に近付きます。

人の健康への姿勢は、疾病に対する防御の時代─新型コロナウイルス対応が、まさにそうですが─から、予防・創建の時代に向かっています。

「長生き、キレイ」につながるテニスは、一つのツールにすぎませんが、有力なツールです。実践するのはいつでしょうか？　それは再び叫びますが、「今でしょ！」。

ウィンブルドンパーク

近隣のコート整備に団結するも

■地域周辺のコート整備

　筆者やテニス仲間は、コート確保が容易で利用料金が安いことから、公営コートに頼ることが多い。私は横浜市の北部・港北ニュータウンに住んでおり、都筑区、青葉区、緑区、港北区の10キロ圏内のコートを、主に利用している。

　だが、利用人員に比較し、コートの数があまりにも少ない。例えば青葉区は、人口が30万人もいる大都会であるが、最近、高速道路のインターチェンジの拡張に伴い、唯一のコートがつぶされ、公営コートがない状況である。

　コートの新増設は悲願であるが現実的には今あるコートの存続確保が先決である。ただ既存のコートもいろいろ問題を抱えている。

　筆者が最も利用する都筑区の都田公園テニスコートは、高台にあり風がひときわ強いという課題を抱えている。

■防風ネット整備運動

　都田公園テニスコートは接続するコートが5面ある中規模のコートである。しばしば風がプレーの妨げとなる。秒速5メートルを超えると快適なプレーが難しいが、このコートは平地より秒速数メートルは風が強く、ハンディとなっている。

とても強風です

　利用者で署名運動を起こし（筆者が発起人代表）、管理者である横浜市に改善を働きかけることとした。

　陳情の内容は、

　土日のコート確保に20倍以上の抽選倍率となる人気コートである。今、次世代を支えるジュニアや中高年をはじめ、市民の健康確保・余暇増進は大きな政策課題だと思う。テニスはその目的に好適であり、オリンピックも控えスポーツ振興は喫緊の課題だと思う。このような状況下で公式試合も開催するこのコートが「風に弱い」のは残念だ。早急に防風ネットの整備等防風対策を充実してほしい。

　とこんな趣旨で、すぐに集まった300人ほどの署名と共に提出した。

■市からの回答

陳情に当たっては、署名を出すだけでなく、区役所や地元市会議員にも支援をお願いした。

市はしばらく検討した結果、防風ネット等の整備は難しいとの回答だった。水道局の配水池に土盛りした立地なので、防風ネットのように支柱の補強を必要とし、地盤に荷重のかかる大きな工事ができないという。

ある程度予想していたが、配水池の上にかからない外側に防風林を植え、公園全体の緑機能を高めるような根本的な代替案は検討してもらえなかった。

■行政として

ここで私は、都田公園の防風ネットの整備といった個別の施策の是非を皆さんに聞いてほしいわけではない。

今、世の中では医療に税金がかかり過ぎている。治療にかかる何分の一かを、予防効果の高い施策に回せないか。好例として、コート整備のような健康維持に役立つ施策こそ、未来への投資ではないか、そう行政に捉えてほしかったわけです。

■トランプさんを泣かせない

少し脱線します。

コートに隣接して米国のコダック社の研究所があった（今は売却し、日本企業の施設になっている）。平成の早い頃、アメリカのブッシュ大統領が、米ハイテク企業の進出例として見学に来る予定だった。事前の周辺チェックは大騒ぎだった。冬の寒い夜、警備の警察官がマンホールのふたをコツコツと叩いて回っていた。これほどの事前準備にもかかわらず、大統領は来日したものの歌舞伎座で体調を崩し、研究所見学は取りやめになった。

口の悪いわが上司（元東工大学長）が「ブッシュさんがハイテク見られずに吐いてった」と揶揄した。

この研究所が現存し、万一トランプさん（前大統領）が来日し見学に来て、彼の独特の長髪が強風にあおられたら大変です。やっぱり近隣全体の防風対策は必要でしょう。

コートからの元コダック研究所

エピローグ

読後のお礼に、ポエムを

筆者は幸か不幸か人生経験を重ねている。

この年齢は「知恵と経験の宝庫」でもあると勝手に信じている。今まで培ったテニスに関する「知恵や経験」を凝縮して皆さんに伝えたい―それがうれしい義務でもある―と思い本書を企画・編集した。

読者なりに読んでいただき、実践してほしいと願っています。

詩人サミュエル・ウルマンは「青春」という作品の冒頭で書いている。

「青春とは人生のある期間を言うのではなく、心の様相を言うのだ。

優れた想像力、逞しき意志、燃ゆる情熱、臆病を退ける勇猛心、安易を振り捨てる冒険心、こういう様相を青春と言うのだ。

年を重ねただけで人は老いない。理想を失う時に初めて老いが来る。…年は七十であろうと、十六であろうと…」

筆者は、テニスを通じ、何歳の方でも「青春してほしい」と願っている。学校の部活でも、社会人のサークルでも、スクールでも、仲間の旅行でも、どこでもいつでも良い。

「青春する心」が「テニスで長生き、キレイになる」最大の秘訣かも知れない。

「レッツ エンジョイ テニス」

日本テニス事業協会HP

池の水面に浮かんだ花びらに映る青春（高遠城址公園）

おわりに

　本書の企画、出版に向け、二つの戦いがあった。

　一つは、新型コロナ禍である。編集、写真撮影に大きく影響し、計画したモデルの撮影（エクササイズ）ができなくなるという事態にも遭遇した。

　もう一つは、企画の実践である。企画の責任者（かくいう、私であるが）は、今まで何作かの著作をものしているが、すべて出版社の意図に沿って原稿さえ書いていればよく、甚だ「気楽な稼業」であった。

　今回は全くわけが違った。企画・編集を担当したので、もちろん出版社の神奈川新聞社は相応の分担はしていただいたが、関係者の人選、本の構成、原稿執筆、写真撮影のアレンジ等々ワークが山積した。初めてのことも多かった。おかげさまで、いろいろな方と交渉もできたし、パソコン操作（技術・アプリの駆使）、肖像権の扱いも学んだ。

　何よりも多くの方、医者、テニスコーチ、テニスのプレー仲間（撮影の被写体になっていただいたり、面倒なアンケートも実施した）、料理・お茶の先生、カメラマン、イラストレーター、撮影コート提供者、もちろん出版編集者のご協力があって、下読みをしてくれた人の感想のとおり「世の中に類のないテニスの啓蒙書」ができたと思っている。

　世間は、新型コロナ禍で大変である。でも手前みそながら、テニスで体の抵抗力を増したり、スポーツイベント等ができなくなった人々に楽しさを取り戻してもらう、といった効用に触れていただければ幸いである。

　広い意味でこの本を世に出す動機・環境をつくってくれた妻と亡き母に、一層の感謝の念を込めて…。

（山崎征男）

本書における役割

役割	氏名	職［経歴］	責任編集者からの一口コメント
責任編集※	山崎征男	（一般社団法人）テニス健康・美創造協会理事長　［旧自治省、神奈川県庁部局長（スポーツ行政他、課長時代総合計画）、旧神奈川科学技術アカデミー事務局長］	国民体育大会神奈川県団長・30年のテニス歴・高校野球代表校増を日本高野連会長と折衝等県スポーツ行政責任者を歴任
執筆	テニス健康・美創造グループ		
協力・指導※	［2章］尼ヶ崎安紘	医学博士、慶応大医学部卒　［済生会横浜市南部病院等］	卒業時慶応大学全学卒業式で、卒業生総代
	［2章以外の医学・生理学］山崎隆一郎	医学博士、横浜市大医学部卒　［藤沢市民病院医長、松下東京健康管理センター消化器科部長等］	国公立病院等で経験豊富
	［3,5章］中嶋康博	［日本プロテニス協会理事長、日本テニス事業協会副会長］VIP・TOP ゼネラル・マネージャー	日本テニス界の発展に尽力したレジェンド
	［3章］森奈菜美	テニスコーチ（VIP・TOP所属）	神奈川県ダブルス選手権者
	［3章］清水梨紗	なでしこ日本代表（19年W杯）	将来日本代表を背負う逸材
	［4章］堀部珠美	お茶ライフコーディネーター	関東・関西で講師とし活躍
	［4章］田部井美佳	料理研究家	横浜で講師として活躍
	［4章］山崎三千代	料理実践家	常に新しい料理にチャレンジ
イラスト・図表	テニス健康・美創造グループ		
	［4章］佐々木博	デザイナー	
写真撮影	［3章］林英樹		人物だけでなく野鳥等も撮影
	山崎征男		

※文責は、全て責任編集者にあります。
※協力・指導欄に記載の方々は、当該章の指導・助言をし、直接の執筆はしていません（山崎三千代を除く）。

テニス新時代
質疑券

○本書内容に関連し、質疑がある場合、この券を切り抜き添付し、往復はがきでお尋ね下さい。分かる範囲で、ご回答します。
〒224-0055 横浜市都筑区加賀原1-1-21
一般社団法人テニス健康・美創造協会

テニス新時代　健康・キレイへの道

2021年2月22日　初版発行

責任編集　山崎　征男
協　　力　中嶋　康博
　　　　　尼ヶ崎安紘
　　　　　山崎隆一郎

発　　行　神奈川新聞社
　　　　　〒231-8445 横浜市中区太田町2-23
　　　　　電話　045（227）0850（出版メディア部）